Arthur G. Thomas

Wheat from the Fields of Boaz

Arthur G. Thomas
Wheat from the Fields of Boaz
ISBN/EAN: 9783743419421
Manufactured in Europe, USA, Canada, Australia, Japa
Cover: Foto ©Lupo / pixelio.de

Manufactured and distributed by brebook publishing software (www.brebook.com)

Arthur G. Thomas

Wheat from the Fields of Boaz

TAUSEND GEDANKEN DES COLLABORATORS

Berthold Auerbach

163 D.03

6/-

Allgemeiner Verein für Deutsche Literatur.

PROTECTORAT:

Se. Kön. Hoheit

GROSSHERZOG KARL ALEXANDER

von Sachsen.

PROTECTORAT:

Se. Kön. Hoheit

PRINZ GEORG

von Preussen.

STATUT:

§ 1. Jeder Literaturfreund, welcher dem *Allgemeinen Verein für Deutsche Literatur* als Mitglied beizutreten gedenkt, hat seine desfallsige Erklärung an Herrn Verlagsbuchhändler A. HOFMANN in Berlin zu richten, oder durch eine der Buchhandlungen seines Wohnorts dem Genannten zu übermitteln.

§ 2. Jedes Mitglied verpflichtet sich zur Zahlung eines Jahresbeitrags von *Dreissig Mark* R.W. (10 Thlr., 17 Gulden 30 Xr. rhein.*). Die Einzahlung hat, falls Vollzahlung nicht vorgezogen wird, in zwei Raten zu geschehen: die erste von 15 Mark (5 Thalern) bei Empfang der ersten Vereins-Publication einer jeden Serie und der Mitgliedskarte, die letzte Rate von 15 Mark bei Empfang des vierten Werks der betreffenden Serie.

§ 3. Jedes Mitglied erhält in der Serie sieben Werke aus der Feder hervorragender und beliebter Autoren. Jedes dieser Werke 20—23 Bogen umfassend, in gefälliger Druckausstattung und elegantem Einbande. Nur bei poetischen Werken, wie zunächst bei Mirza-Schaffy, wird nicht immer der festgesetzte Umfang der Vereins-Publicationen innezuhalten sein, dafür jedoch diesen Werken eine besonders elegante Ausstattung zugewendet werden.

§ 4. Die Jahresserien beginnen und schliessen in der Regel am 1. Januar. Ein etwaiges Austretenwollen ist spätestens bei Empfang des sechsten Bandes einer jeden Serie dem Bureau des Vereins anzuzeigen.

§ 5. Die Geschäftsführung des Vereins leitet Herr Verlagsbuchhändler A. HOFMANN in Berlin selbstständig, sowie ihm auch die Vertretung des Vereins nach innen und aussen obliegt.

§ 6. Den Mittheilungen des Vereins über dessen weitere Entwickelung und eventuell noch engere Organisation wird später ein Verzeichniss der Genossen und Förderer des Vereins beigefügt werden.

* In *Oesterreich-Ungarn* nach Cours; in der *Schweiz* 40 Frcs.; in *Italien* 40 Lire Gold; in *England* 1 Pfd. 15 sh.; in *Holland* 20 Gulden; in *Frankreich* und *Belgien* 40 Frcs.; in *Russland* 15 Rubel; in *Amerika*, *Afrika* und *Australien* 15 Dollar.

Beitritts-Erklärungen, Zuschriften und Cassa-Sendungen sind zu adressiren: „An Herrn Verlagsbuchhändler A. Hofmann, Berlin W., Kronenstrasse 17."

Alle Buchhandlungen des In- und Auslandes nehmen ebenfalls Beitritts-Erklärungen entgegen.

Die bis jetzt gewonnenen Autoren sind:

De Bary, Prof. Dr. A.
Bartsch, Prof. Dr. K.
Bluntschli, Prof. Dr. J. C.
Bodenstedt, Prof. F.
Büchner, Dr. Louis.
Carrière, Prof. Dr. M.
Cohn, Prof. Dr. Ferd.
Droysen, Prof. G.
Ebers, Prof. Dr. G.
Ecker, Prof. Dr. J. A.
von Eye, Dr. A.
Falke, Prof. Jacob.
Falke, Dr. J.
Fischer, Prof. Dr. Kuno.
Fontane, Th.
Funke, Prof. Dr. Otto.
Gneist, Prof. Dr. R.
v. Giesebrecht, Prof. Dr. W.

Goldbaum, Dr. W.
Gutzkow, Dr. Carl.
Gosche, Prof. Dr. Rich.
Gerock, Dr. Carl.
Göll, Dr. Herm.
Häckel, Prof. Dr. E.
Hanslick, Prof. Dr. E.
Hassel, Prof. Dr. Carl.
Henne am Rhyn, Dr.
Hering, Prof. Dr. E.
Hermann, Dr. Emanuel.
Heyse, Dr. Paul.
v. Hochstetter, Prof. Dr. F.
Huber, Prof. Dr. Joh.
Justi, Prof. Dr. C.
Keller, Gottfried.
Laas, Prof. Dr. E.
Lammers, A.

v. Lasaulx, Dr.
Laube, Dr. Heinrich.
Lindau, Dr. Paul.
Laur, Dr. Eugen.
Lauser, Dr. W.
Lehmann, Dr. Max.
Lemke, Prof. Dr. Carl.
Lippert, Dr. J.
v. Löher, Prof. Dr. Franz.
v. Lützow, Prof. Carl.
Meissner, A.
Noë, H.
Osenbrüggen, Prof. Dr. E.
von Osten,
Pisco, Prof. Dr.
Reitlinger, Prof. Edm.
Richter, Prof. Dr. H. M.
Rogge, Dr. W.

Rosegger, P. K.
Rodenberg, Dr. J.
v. Sybel, Prof. Dr. H.
Scheerer, Prof. Dr. W.
Schmidt, Prof. Dr. A.
Schmidt, Prof. Dr. Oscar.
Spielhagen, F.
v. Schack,
Sterne, Carus.
Steub, L.
Strodtmann, A.
Stieler, Dr. Carl.
Sanders, Dr. Daniel.
Vambéry, Prof. H.
v. Weber, Prof.
Woltmann, Prof. A.
Zittel, Prof. Dr. C.

Für die erste Jahresserie — 1874 — erhielten die Vereinsgenossen die nachstehend aufgeführten Werke; jeder Band in Stärke von 22—23 Bogen, in gefälliger Druckausstattung und elegantem Einbande:

Bodenstedt, Fr., *Aus dem Nachlasse Mirza-Schaffy's.*
v. Sybel, H., *Vorträge und Aufsätze.*
Schmidt, Ad., *Epochen und Katastrophen.*
Hanslick, Ed., *Die moderne Oper.*
Osenbrüggen, Ed., *Die Schweizer, Daheim und in der Fremde.*
Reitlinger, Edm, *Freie Blicke.*
v. Löher, Fr., *Kampf um Paderborn 1597-1604.*

Die I. Serie kann von später eintretenden Mitgliedern jederzeit zum Subscriptionspreise von 30 Mark nachbezogen werden.

Der Inhalt der zweiten Serie wird aus nachstehenden sieben Werken in gleich eleganter Ausstattung bestehen:

Richter, H. M., *Geistesströmungen.*
Heyse, P., *Giuseppe Giusti, Sein Leben und seine Dichtungen.*
Bodenstedt, Fr., *Shakespeare's Frauengestalten.*
Auerbach, B., *Tausend Gedanken des Collaborators.*
Gutzkow, K., *Rückblicke auf mein Leben.*
Sterne, Carus, *Zur Geschichte der Schöpfung.*
Frenzel, K., *Renaissance- und Rococo-Studien.*

DAS CURATORIUM:

Dr. R. Gneist
Ordentl. Professor an der Kgl. Universität zu Berlin.

Graf Usedom
Kgl. Preuss. Wirkl. Geh. Rath u. General-Intendant der Kgl. Museen zu Berlin.

Dr. K. Werder
Geh. Rath und Professor an der Kgl. Universität zu Berlin.

C. v. Dachröden
Kgl. Kämmerer und Schlosshauptmann zu Berlin.

Adolf Hagen, Stadtrath.

Geschäftsführende Leitung: **A. Hofmann**, Verlagsbuchhändler in Berlin.

Dr. L. Lenz, Schriftführer.

Tausend Gedanken

des

Collaborators.

Von

Berthold Auerbach.

Berlin.
Verlag von A. Hofmann & Co.
1875.

Uebersetzungsrecht in fremde Sprachen vorbehalten und
Nachdruck verboten.

„Das ist ein sonderbarer Mensch", sagte der Wadeleswirth zu Reinhard; „hat man nicht gemeint, er will mit aller Gewalt die Kirche wieder auf den Berg setzen, und wenn man's ihm anders auslegt, gleich ist es ihm auch Recht. Grausam gelehrt muß er aber sein; was hat er denn eigentlich g'studirt?"

„Zuerst geistlich und dann viele Sprachen, jetzt ist er auf dem Bücherkasten angestellt, und da hat er von Allem was weggekriegt. Er hat im Ganzen wohl feste Meinungen und grundbrav ist er, das könnet Ihr mir glauben."

„Ja, ja, glaub's schon."

Der Collaborator war wieder herbeigekommen. Er konnte sich nicht enthalten, auf jedem Schritte Reinhard auf die Schönheiten des Weges aufmerksam zu machen; da war eine Baumgruppe, eine Durchsicht, ein knorriger Ast, Alles rief er an, „und sieh", sagte er wieder, „wie das Sonnenlicht so herrlich in Tropfen durch die Zweige und von den Blättern rinnt!"

„Laß doch Dein ewiges Erklären!" fuhr Reinhard auf; der Collaborator ging still, um sich wieder eine Blume zu holen und zerschnitt sie mit dem Federmesser.

„Ihr müsset ihn nicht so anfahren", sagte der Wadeleswirth, „das ist ja ein glücklicher Mensch; wo ein Anderer gar nichts mehr hat, hat der noch überall Freude genug, an der Sonn', an einer Blum', an einem Käfer, an Allem."

(„Lorle, die Frau Professorin." Zweites Kapitel. 1846.)

Zuwort von 1875.

Jetzt will ich aber auch einmal allein reden!

Habe mir's lange genug gefallen lassen, immer nur daneben zu stehen und als Unterblatt für meinen Zwillingsbruder, den gestaltungsfrohen Maler Reinhard zu dienen.

Es sind bald dreißig Jahre, daß ich zuerst aus der Bibliothek in's Dorf geschickt wurde. Bin seitdem viel in der Welt herumgekommen, ist nichts Ganzes aus mir geworden, habe nicht Haus, nicht Hof, nicht einmal das Luftschloß eines Systems, habe aber Vielerlei aufgesammelt und möchte es nun hergeben.

Mein bester Freund hat mir die Anwendungen zu meinen Beobachtungen oft ausgestrichen und meint, die finde Jeder, der das Nachfolgende nicht in Einem Zuge, sondern nach Lust und Laune absatzweise liest.

Was ich zu bieten habe, will nicht als allgemein giltige Wahrheit erscheinen, ist aber meine Wahrheit, und mag nun Jedermann zusehen, was davon auch seine Wahrheit werden kann.

Adalbert Reihenmeier, genannt der Collaborator.

Inhalts-Verzeichniß.

	Seite
Von mir und von dir	1
Von der Natur	75
Vom Staat	117
Von der Kunst	139
Vom höhern Leben	219

Aphorismen bilden, nach einzelnen Halmen sich bücken, ist eben Aehrenlesen, nicht ein Schneiden der wogenden goldigen Getreidemassen, nicht Garbenbinden und große Ernte halten mit schmückendem Kranze. Aber die abgefallenen und eingesammelten Aehren geben auch Brod, und was von Ambrosia im Brode ist, das liegt nur im Geschmacke der Genießenden.

———

Ich denke aus mir selber, darum bin ich — Ich. So mag für nachfolgende Blätter „cogito ergo sum" übersetzt sein. Aber was bin ich? Wer kann sagen, was aus ihm selber stammt, und was er unbewußt überkommen und nur in sich aus- und umgebildet hat? Der Vater ist auch Kind.

———

Du liebst die Reflexion nicht? Unmittelbare oder durch die Kunst vermittelte Anschauung und Empfindung erscheint wie Wasser, die Reflexion wie Nebel, oder auch die Anschauung erscheint als Wärme, die allgemeine Betrachtung als Kälte; aber der Nebel kann zu Regen und Thau werden, und das erstarrte Leben wird grade durch Kälte wieder erwärmt.

Es fallen mehr Aepfel unreif vom Baum als reife eingeheimst werden.

Aphoristische Betrachtungen sind oft wie ein farbloser Niederschlag aus lebendigen Wahrnehmungen, die erst demjenigen wieder einen festen farbigen Inhalt darbieten, der eine eigene Lebenserfahrung hinzubringt. So giebt es Flüssigkeiten, die wie reines Wasser aussehen, aber durch Hinzuthun eines neuen Stoffes den darin aufgelösten zur Erscheinung kommen lassen.

Da wo der Strom, vor allem der aus Schneeschmelzen entstehende, seinem Ursprunge noch nahe ist, ist er nie klar, er schleppt noch zu viel von aufgelockertem Berggerölle mit sich; erst weiter draußen wird er durchsichtig bis auf den Grund. So auch der dem Ereigniß noch nahestehende allgemeine Gedanke.

Die Aphorismen kommen mir manchmal vor wie der Bettelsack des alten Männchens, das mir vor Kurzem auf der Landstraße begegnete. Hat in jedem Hause ein Stück Brod bekommen, ist gar verschiedenes Gebäck und wird leicht zu trocken, aber wenn man's aufweicht, ist doch wieder manch gut Stück genießbar darunter.

Es giebt abstracte Gedanken, Abnahme von Lebenswirklichkeiten, deren innere Wahrheit wir von selbst erkennen, wie wir bei den Bildnissen guter Meister die Empfindung haben: das Urbild ist getroffen, und doch kennen wir die Personen nicht oder sie leben schon lange nicht mehr.

Ist das zu Grunde liegende Ereigniß nicht bezeichnet, aus welchem der allgemeine Gedanke entnommen wurde, so ist Manches nicht so faßlich, als es vielleicht bei der ersten Niederschrift war. Aber diese Ablösung von concreten Ereignissen bringt eine gewisse Erlösung und Befreiung des Gedankens, und die Möglichkeit weiterer Anwendung ersetzt die durchsichtigere Betrachtnahme und Anknüpfung.

Manche Gedanken sind wie ungespaltenes Holz. Wer den geeigneten Ofen hat, kann damit heizen. Andere müssen spalten und Manche müssen die wärmehaltenden Scheite liegen lassen und derweil frieren.

Ein Schelm giebt mehr, als er hat. Eigentlich lautet das Sprüchwort unsinnig, denn sobald man giebt, muß man vorher haben. Und doch hat's einen guten Sinn. Der Schelm lügt zu dem, was er weiß, denkt, fühlt, noch etwas hinzu, um als Höherdenkender, Tieferempfindender zu erscheinen. Ich denke in diesen Blättern kein Schelm zu sein.

Oft in Erkenntniß der Mangelhaftigkeit meines Wissens, der Lückenhaftigkeit meines Denkens, der geringen Umfassung und des so subjectiven Standpunktes meiner Anschauungen, in Betracht der Schwankungen und Wandlungen meiner Stimmung, der Unzufriedenheit mit meinem Thun und Lassen — oft erscheint es mir da überaus anmaßend und unberechtigt, daß ich es wage, im Gebiete der höchsten Ideen mitzureden oder gar Bestimmendes darin aufstellen zu wollen; bin ich ja selbst noch immer so ungeklärt und ist mir die gegebene Welt noch so räthselvoll. Wenn ich aber dann wieder auf Andere sehe, wie die Haltung Vieler eben darin besteht, daß sie sich nicht voll hingeben und wenn es geschehen, keine Nachgedanken in sich aufkommen lassen, wie oberflächlich und doch zuversichtlich der oder jener entscheidet, wie Menschen voll sittlicher Schwächen sich zur Leitung öffentlicher Angelegenheiten befugt halten, wie überall Lückenhaftigkeit, Anbrüchigkeit und Selbstbeschönigung, Abfinden mit herkömmlichen Ausprägungen und wie selten das Volle, Ganze, in sich Stetige und Schwankenlose ist, dann gewinne ich wieder Muth und Selbstvertrauen zu meiner Berechtigung.

Ich meißle meinen Stein an dem großen Baue und pfeife mein Lied dazu, es ist meine eigene wenn auch unfertige Melodie.

Es lassen sich nicht Gedanken festhalten und weiterführen, wenn man eine diesen Gedanken fremde oder mindestens von denselben unabhängige Haltung des Körpers bewahren muß und solche nicht ändern darf; es giebt einen rhytmischen Zusammenhang zwischen unserm Denken und unserer körperlichen Haltung.

So oft ich am einsamen Bauerngehöft vorüberkomme, ärgere ich mich jedesmal schon im Voraus über das Bellen der Hunde.
Das Wissen von der innern Störung hebt diese selbst noch nicht auf.

Melodienlose Fingerübungen spielen hören stört die Denk-Arbeit weit weniger, als eine wirkliche Melodie, eine musikalische Satzfügung; sie sind wie wortloser Vogelsang.

Lebe in einer großen Stadt, sie giebt Dir täglich die Lehre: Du bist entbehrlich!

In einer großen Stadt hat das Sterben und Begrabenwerden noch etwas besonders Crasses. Es ist wie die Culmination und Besiegelung der Thatsache, daß man auch lebend nur ein Tropfen im Meere war.

Von den italienischen Seen kommend, schien mir, daß unser deutsches Leben eigentlich hauptsächlich auf den Winter eingerichtet ist, und so ist ganz folgerecht, daß die Germanen und nordischen Völker das Lebensalter nach Wintern zählten.

Ich mußte lange auf dem Bahnhofe den ankommenden Zug erwarten. Es war kein Signal da, das über dessen Ausbleiben Kunde gab, und solches Warten erzeugt das fieberische Gefühl der Heimathlosigkeit. Man ist nicht da und nicht dort. Es fiel mir ein, wie lange das deutsche Volk warten mußte auf den großen Zug der Geschichte, der es zu seiner Einheit heimbrachte. Es ist fast zu verwundern daß dieses böse Warten seine Seele nicht schädigte.

Eine Tischgenossenschaft ohne ein zur Gemeinsamkeit verbindendes Wort läßt Speise und Trank ungesegnet. Wie das Gebet der Frommen, so weiht der Spruch der Freien die Nahrung erst zur menschlichen.

———

Ich habe gefunden, daß passionirte Theatergänger Menschen von geringer initiativer Kraft sind. Kommt diese Erscheinung vielleicht von einer Abstumpfung des wirklichen Lebensinteresses durch das nachgebildete?

———

Mit Gleichgesinnten kann man über das Wie streiten. Was soll aber eine Zurechtsetzung mit Menschen einer ganz anderen Weltanschauung? Ich kann nicht bekehren und nicht bekehrt werden.

———

Ich glaube nicht, daß je ein Mensch in voller Aufrichtigkeit „Meine Wenigkeit" gesagt hat.

———

Beim Kartenspiel wie im Leben sind mir die Menschen zuwider, die gern daneben sitzen und Anderen spielen zusehen. Sie haben leicht klug zu sein und zu erklären, wie man mit diesem oder jenem Trumpf hätte verfahren sollen, denn sie haben keinen Einsatz dabei gehabt.

Ich traf einen Mann, den ich immer hochschätzte und von dem ich vor Kurzem eine lehrreiche Schrift erhalten hatte. Ich sagte ihm: „Ich habe viel aus Ihrer Schrift gelernt." In höflichem Tone erwiederte er: „Ist das Ihr Ernst? Sie schmeicheln." „Der Teufel hole diese sogenannte Bescheidenheit!" mußte ich ihm erwidern; „wie kommen Sie dazu, aus Bescheidenheit mich zu beleidigen und für einen Lügner zu halten?" Der Mann kam andern Tags und sagte, was er gesagt habe, thäte ihm leid. Es war ihm herzlich ernst, aber es ist und bleibt traurig, welche Mißgeburten der Empfindung die formalistische Demuththuerei erzeugt.

Nur wer wahrhaft bescheiden ist, das heißt wer die Mangelhaftigkeit seines Wesens und Wirkens kennt, hat auch die gerechte Anerkennung für Wesen und Wirken Anderer; denn er weiß, was es heißt, etwas sein und wirken.

Ich habe nur wirkliche Münzen im Besitze und die Gesellschaft will eigentlich mit Spielmarken bezahlt sein. Könnte ich diese prägen und ausgeben, es wäre bequemer und aufwandloser, aber ich schädigte damit mein Wesen, und mein Ohr könnte mich nicht mehr hören. Ich bin überzeugt, daß jeder Wirkliche auch in der Gesellschaft immer nur Wirkliches giebt; man giebt ja im Grunde auch nicht den Anderen, man giebt sich.

Der Idealist erlebt schwere Enttäuschungen an sich. Weil er in allen Charakteren das Edle voraussetzt und sucht, so glaubt er, daß die Anderen auch in ihm das Bessere voraussetzen und erkennen.

Ich bin ein Fremdling in der Welt mit meinem Denken, Wünschen und Hoffen. — Das klingt wie Selbstlob, als wäre ich etwas Absonderliches, Auserlesenes. Es ist aber einfach tiefe Selbstanklage, Bekenntniß schweren Mangels. Wer es nicht verstanden hat, mit Wahrung seiner Natur Stellung zu nehmen und sich in der Gemeinsamkeit der Welt zu finden, dem fehlt eine Grundeigenschaft.

Lerne früh „Nein" sagen. Es giebt nichts, was mehr Peinlichkeiten und Widerwärtigkeiten mit sich führte, als wenn man bei einer Zumuthung, der man gerne aus Menschenfreundlichkeit, aus Gefälligkeit willfahren möchte, trotz wohlbekannter Hindernisse eine bedingte Zusage giebt in der Hoffnung, daß die Ausführung doch ermöglicht werde. Bist du später in die Nothwendigkeit versetzt, ablehnen und versagen zu müssen, so hast du dir selber Bitteres auferlegt und den Anderen gegenüber erscheinst du als unzuverlässig, als zaghaft.

Warum bin ich so ärgerlich und verdrossen der Halbheit und Unklarheit gegenüber? Es kommt wohl daher: ich habe schon zu Vieles gar gedacht, und da soll man helfen Feuer anmachen, Acht haben aufs Ueberkochen. Und doch sage ich mir beim Altwerden wieder: Nimm dich in Acht, daß du nicht glaubst, du seiest fertig; sobald du das glaubst, ist dein Altwerden ein Absterben.

Wenn ich ein Erlebniß, bewußt oder unbewußt, in der Mittheilung ergänzte und abrundete, so wurde es mit neuen verunstaltenden Zuthaten weiter erzählt. Die Lüge hatte eben eine sich von selbst erweiternde Lücke aufgerissen.

Zweiflerisch an der Wahrhaftigkeit eines Menschen werden, ist wie wenn man ein Buch liest, von dem wir wissen, es ist voll Druckfehler. Jeder eigenthümliche individuelle Ausdruck erscheint wie ein Druckfehler, alle Lettern schwanken.

Bin jung gewesen und alt geworden und habe nicht gesehen, daß ein unwahrer Mensch, oder gar ein solcher, der sich nicht vor der positiven Lüge scheut, das erstrebte gute Ende genommen.

Der große Kampf, um zur Selbsthaltung zu gelangen, stark in sich, unabhängig vom Wohlwollen Anderer, ist dadurch ein besonders schwerer, weil die Hingebung vielfach Schwäche ist, ein sich Gehenlassen statt eines sich Führens, eine gewisse Auflösung statt Zusammenfassung, eine Unfähigkeit, allein zu sein, weil man sich immer mit etwas Anderem ergänzen muß.

———

Mitten im schwersten Kummer fühle ich manchmal, daß noch etwas in mir ist, was nicht angegriffen werden kann. Es ist wie ein in tödtlichen Schmerz eingehülltes Stück Gesundheit.

Es giebt unbedachtsam hingeworfene Worte, die zur Achse im Denken des Einsamen werden.

———

Was ist das für eine Macht, die auf der höchsten beängstigenden Spitze des Traumes plötzlich sagt: Nun ist's genug! nun sei bewußt, daß du träumst, sei erlöst! Ist es Ueberlastung der seelischen Tragkraft, aus der die Abwälzung erfolgt? Geht der Seelenkraft da oben der Athem aus und muß sie hinab zum Erwachen? Und welch ein Glücksgefühl dann, daß Alles nicht wahr ist, welches schauerliche Behagen, daß es nie war, und doch wieder fast ein fröstelndes Verlangen zu wissen, was da droben auf der höchsten Spitze noch hätte werden können.

———

Bleibe nicht in Dunkel und Trübsal, laß Licht und Luft auf dich eindringen! Wehre ihnen nicht, sie sind die ewigen Heilkräfte. Sei in der Störung deines Wesens nicht dein Zerstörer!

———

In der reinen Luft der Alpenhöhe fühle ich mich freier, weil der auf mir ruhende Luftdruck geringer ist. So auch geistig bei einer Erhebung der Seele. Den Luftdruck können wir messen, für die Last von Sorge und Gram giebt es kein äußeres Maß.

Warum man nur auf hohem Berge mit weitem Ueberblick sich gedrungen fühlt, sein Schicksal und vor Allem erlebtes Leid zu erzählen? Ist es, weil man alle Last ablegen und sich frei aufschwingen möchte? Ist es, weil auf der Höhe eine innere Ueberschau erweckt wird?

„Man ist länger todt, als man lebt" sagte eine Bauernfrau, „darum soll man lustig sein, so lange man lebt."

Der Kummer ist ein Verdummer.

Goethe ist mein Metronom, aber nicht meine Uhr; diese muß ich nach dem Sonnenstand meiner Zeit stellen.

―

An jenen knospensprengenden mit leichtem Nebel beginnenden sonnenhellen Frühlingstagen, was soll da Schreiben, Lesen, Studiren? Wandern oder still im Felde arbeiten, der treibenden Natur helfen oder sie frei aufnehmen, das ist dann unser einziges Verlangen.

Voll heiligen Geheimnisses ist jener erste Blick der Mutter auf ihr Kind. An meinem Geburtstage ist das Erste, was vor meiner dankbaren Erinnerung ersteht, das Bild meiner Mutter. Wie freute mich's, als ich erfuhr, daß auch der alemannische Dichter Hebel das Andenken seiner Mutter nicht an ihrem Todestage sondern an seinem Geburtstage feierte.

* * *

Wahrhaftigkeit vor sich ist der feste Grund alles dessen, was man Tugend nennt.

Ist die Wahrhaftigkeit unter den Ungläubigen größer und häufiger als unter den Gläubigen? Jedenfalls steht die Thatsache fest, daß seit Begründung unserer deutschen klassischen Literatur die Mehrzahl derjenigen, die sich über ihre persönlichen religiösen Ueberzeugungen aussprachen, zu den kirchlich Ungläubigen gehört.

Wer will eigentlich das, was ihm auferlegt ist? Unser Wille ist wie ein eingespanntes Pferd. Das Pferd will eigentlich davon laufen, aber es zieht dabei den Wagen, und der Wagen rollt hinter ihm drein. — Das Bewußtsein der Pflicht eint Freiheit und Nothwendigkeit.

Auf dem einsamen Gehöft ist ein angeketteter Hund, er bellt, das Echo antwortet ihm, er hält das für Zustimmung eines Genossen und bellt immer lustiger und selbstzufriedener.

Magere wissen immer, daß sie mager sind, fette Menschen selten daß sie fett sind.

Du kennst eine Thatsache ganz genau, du wirst vor Gericht gerufen, um sie zeugeneidlich darzulegen und du bangst, ob du auch Alles getreulich ohne Zuthat oder Verschweigung kundgeben wirst.

Wer die Geschichte seiner Zeit schreibt, sollte ständig in dieser Empfindung stehen.

„Sie kommen gewiß zu unserer morgigen Kirchweih," wurden wir im Dorf-Wirthshaus angesprochen, als wir zur Erforschung der Pfahlbauten am nahen See angekommen waren.

Die reine Naivität ist die Gotteskindschaft. Sie ist keine Stufe der Entwickelung, sondern der reine Naturbestand. Man kann nicht Kind werden, man kann es nur bleiben.

Es giebt auch eine Naivität der Herzensreinen, die bei Wahrnehmung eigener Schwäche und der Schwäche Anderer doch dem Geheimniß und der Schönheit der Welt immer aufs Neue wundernd, bewundernd und vertrauend gegenübersteht.

Das Original, der Sonderling, steht noch im Bezirke der Naivität; sein Widerstand gegen die Lebensformen wird aber zur bewußten Wahrung seines Naturells, und im Unterschiede von der ursprünglichen Naivität steht der Sonderling theilweise auf seinem Naturrecht, theilweise aber auch auf der zweiten Natur, dem Gewohnheitsrecht.

Es ist eine ebenso falsche als vielverbreitete Ansicht, daß die Naivität bescheiden sei; wie sollte sie das? Sie kennt ja kein Maß ihrer selbst und keine Geltung Anderer.

Das Alter sieht in allem Tagesereigniß nur Staubaufwirbeln, welches bald verstoben und vergessen sein wird; daher hat es keine rechte Lust des Kampfes.

Man nennt Menschen bescheiden, die sehr stolz sind, indem sie Jeden für zu gering halten, um sich von ihm anerkennen zu lassen.

Bescheidenheit ist das gemäßigte Selbstbewußtsein. Wer sich nicht für etwas hält, kann nicht bescheiden sein. Der aber ist es, der vor sich selbst die Grenzen seiner Kraft und die Mangelhaftigkeit seiner Leistungen kennt.

Goethe hat Unrecht, wenn er sagt, daß Muth und Bescheidenheit unzweideutige Tugenden seien, die die Heuchelei nicht nachahmen könne. Bescheidenheit ist vielmehr eine häufig geheuchelte Tugend und auch der Muth ist davon nicht ganz frei.

Der Fanatismus macht aus seiner Anschauung ein Dogma, die Toleranz bildet aus ihr eine Erkenntniß. Das Dogma ist fanatisch, „entweder, oder" heißt es da, „bekenne oder leugne." Die Toleranz als Erkenntniß durchschaut die Mannigfaltigkeit der Welt, in der sie sich selbst nur als eine Varietät empfindet.

Im Gespräche und in der Gesellschaft ist eigentlich nur der tolerant, der selber etwas ist und hat, er läßt auch Andere gern gelten und empfängt von ihnen. Toleranz ist eine Folge der Abklärung und ruhigen, abgeschlossenen Einigung in sich. Fanatismus ist Zeichen des Kampfes mit sich selbst wie mit der Welt; der Fanatische fühlt sich in Frage gestellt, wenn er Andere einen ganz andern Weg gehend sieht; er will nicht zugeben, daß auch diese die höchsten Güter des Lebens erfassen.

Mit der Dummheit hat sogar die logische Definition zu kämpfen. Die Dummheit hat mit der Genialität das gemeinsam, daß sie ebenfalls unberechenbar ist; es tritt im Verfolg der Wirkung ein ungeahnter Factor ein.

Die erste Stufe der Dummheit ist Stupidität, eine seelische Taubheit. Dieselbe Eigenschaft des stumpfgewordenen Salzes, welche Luther mit dem Worte „dumm" übersetzt, wird im Volksausdruck auch „taub" genannt. Auch etymologisch sind beide Worte identisch. Dumm, ursprünglich dumb mit unorganischem m, also dub (lateinisch s-tup-idus).

Die zweite Stufe der Dummheit ist die anerzogene oder freiwillige Beschränktheit, die keinen Gegensatz kennen will und keinen versteht, und da giebt es geistreiche witzige Menschen, die doch einfach dumm sind; sie können und wollen nichts Neues aus dem Herkommen Befreiendes in sich aufnehmen. Die Dummheit geht nicht mit in eine Folgerung, sie bleibt beim ersten Satze stehen.

———

Die Dummheit wie die Naivität ist ein in sich Beharren, beide können eigentlich nur Ich sagen, aber wenn die Dummheit ein dämmeriges Schlafleben hat, so ist die Naivität immer wach und in sich klar und spiegelt die Welt in ihrem Ich ab.

———

Dumm und gut sagt man. Ich habe gefunden, daß nur die Gescheiten wirklich gut sind. Der Gescheite allein weiß, was gut für den Andern ist, und der Dumme fällt bei eintretender Unzuträglichkeit leicht von seiner Güte ab.

Es ist eine gebräuchliche Redensart, daß der am besten fährt, der auf die Dummheit der Menschen spekulirt; es ist aber damit nicht eigentlich die Dummheit gemeint, denn diese zu berechnen ist das Schwierigste; man meint mit jenem Worte die vorurtheilsvolle Befangenheit und den Egoismus.

"Ja, aber er ist eitel" heißt es zuletzt, wenn du deine Freude am fleckenlosen Charakter eines Mannes ausgesprochen hast.
Man glaubt damit nichts Schlimmes gesagt zu haben, man will nur von der Last befreit sein, einen Andern rein und rechtschaffen zu finden. Was aber ist Eitelkeit?

Hast du je gehört, daß ein Mensch ernsthaft von sich bekannte: ich bin eitel? Wer sich auch sonst nicht scheut, einen Fehler einzugestehen, bekennt diesen doch nie.

Wenn sich Menschen mit uns messen, denen wir das Recht dazu nicht zugestehen, wenn sie ihr Thun mit unserm vergleichen, während es doch keine Gleichung hat, so kann man wohl sagen: unsere Eitelkeit ist verletzt, wir sind empfindlich. Das ist an sich wahr. Wahr ist aber auch, daß wir gereizt sind, weil wir eine falsche Schätzung der Dinge und Lebensbedingungen sehen; wir sehen, daß der Andere weder sich selbst noch uns gerecht erkennt, und die Empfindlichkeit besteht darin, daß wir das nicht darthun können ohne zu verletzen und ohne selbst dabei als eitel zu erscheinen.

Die Bescheidenheit in ihrer gesellschaftlichen Erscheinung wird oft als Gegensatz zur Eitelkeit gefaßt. Ist das nicht falsch? Muß nicht gerade Selbstbewußtsein Gegensatz der Eitelkeit sein? Denn der Eitle genügt sich nicht im Selbstbewußtsein, er möchte es gern immerdar zum Weltbewußtsein machen, und sei diese Welt auch nur das Casino in Klein-Residenzlingen.

Wer der Weltmeinung vor den Kopf stößt, wird nie eitel gescholten, der Eitle will es eben der Welt gern recht machen.

―――

Halte die Bekenntnisse Goethe's und J. J. Rousseau's neben einander und du hast das volle Bild eines Eiteln und eines Stolzen, oder — da dies Wort in der Regel mißverstanden wird — eines Mannes, der sich selbst als Natur achtet und diese Natur frei, d. h. in Selbstführung ausbildet. Goethe kennt die Unendlichkeit des geistigen und sinnlichen Universums, das Jahrtausende nicht erforschen werden; Rousseau bildet sich ein, das All in einige brillante Antithesen einschließen zu können.

―――

Es ist ein Irrthum, zu glauben, die Menschen wollten im gesellschaftlichen Gespräche etwas gewinnen, wollten klarer werden und nicht blos sich die Zeit vertreiben. Mancher giebt im Gespräch seine volle Seele hin, das Beste, was er vermag, und hat keine Ahnung davon, daß man seine begeisterten Kundgebungen hinterher Vordringlichkeit und Eitelkeit nennt.

Der Eitle bekennt seine Fehler gern, aber mit einer solchen Betonung, daß sie als liebenswürdige Mängel oder gar als Tugenden erscheinen sollen. Der Selbstbewußte kennt die Legirung seiner Natur mit unedlen Metallen, achtet sich aber in seiner Selbstführung zu sehr, um Andere damit bekannt zu machen.

Der Eitle steht in einer gewissen Selbstschwelgerei, aber das genügt ihm nicht, er ladet auch Andere auf sich selber zu Gaste. Er will auch mit seinen Nichtigkeiten und Aeußerlichkeiten Andere übertreffen und in den Schatten stellen. Darum läßt er sich's am Umgang mit untergeordneten Naturen genügen. — Er kann nicht einsam sein, er hat den Schwerpunkt seines Wesens aus sich hinaus verlegt. Man kann auch sagen, er weiß nur von sich, sofern er sich im Spiegel sieht.

Dazu ist er beständig sein eigener Commentator. Er will, daß sein Thun und Lassen nicht nur gesehen, er will auch bewirken, wie es gesehen und empfunden werden soll. Er lebt in sich und ist doch gesellschaftsbedürftig, er ist fanatisch und doch empfindlich.

Der Eitle erscheint als Gegensatz des Selbstsüchtigen, und doch zeigt sich hier die Berührung der Gegensätze. Der Eitle will immer Anderen etwas sein, bringen, leisten und erwartet dafür, daß man eben das genehm finde, was er bietet.

So fließen die Seelenbewegungen thatsächlich in einander, nur das Wissen trennt sie zur Betrachtung.

Lessing sagt in der Streitschrift mit Klotz, daß der Eitle höflich sei. Ist das wahr? Wohl nur in sofern, daß der raffinirte Eitle nicht blos verlangt, sondern auch vorweg bezahlt.

———

Eitelkeit und Koketterie sind nahe Grenznachbarn. Bei jedem Wort, jeder Bewegung, jedem Thun will der Eitle beachtet, gesehen sein, er bewirthet gern mit seiner Persönlichkeit.

Jeder Mensch liebt sich selber. Der Eitle aber ist in sich verliebt. Er bewundert, wie der Verliebte an seiner Angebeteten Alles, was einem Andern gleichgiltig ist.

Der Eitle leidet an imaginären Uebeln, und die sind am schwersten heilbar. Er hat etwas vom Idealisten, der die Welt verklärt und erhöht, aber er thut das immer mit der Idealisirung seiner selbst, und das macht ihn eben eitel.

Die Eitelkeit als Sünde ist vielverbreitet, wird aber weder Eitelkeit noch Sünde genannt und ist doch beides.
Du hast etwas gesagt, gethan, es wird dir bewiesen, daß es falsch und unpassend ist. Statt zu bekennen, es ist wahr (das leidet eben die Eitelkeit nie), versündigst du dich an dir und Anderen, willst dir und Anderen beweisen, daß es wohlbedacht und richtig sei, und verdirbst damit deinen eigenen Gradsinn und den Anderer. Das ist Sünde wider den heiligen Geist der Wahrhaftigkeit und sie entspringt häufiger aus Eitelkeit als aus sittlicher oder geistiger Unfähigkeit, den Gegenbeweis zu verstehen.

Was ist sentimental?

Wenn man dich das fragt, so meinst du sofort, du wüßtest ganz genau, was darunter zu verstehen ist; du übersetzest das Wort zuerst und sagst: empfindsam. Merkst du, daß das keine Definition ist, so setzest du hinzu: Sentimentalität ist übertriebener ungerechtfertigter Eindruck von einer Sache, einem Ereigniß, zu große Eindrucksfähigkeit, Weichlichkeit u. s. w.

Ist das wohl deckend?

Man ist schnell bei der Hand mit Bezeichnungen, wie „Mondscheinempfindung." Ist aber Goethe's unvergleichliches Lied an den Mond: „Füllest wieder Busch und Thal" auch sentimental im abfälligen Sinn?

O nein!

Also mußt du weiter und tiefer eindringen. Am besten erklärt sich's an Literarischem. Der Dichter weckt Empfindungen, die tonlos in der Seele des Lesers schlummerten, sie waren aber da. Wo ist nun die Grenze?

Sentimentalität und Humanität sind sehr nahe Grenznachbarn.

Man schämt sich heutzutage des Gemüths. Es erscheint zu süß, und man beeilt sich Essig der Satyre hinzuzuthun oder es in humoristische Weingähre umzusetzen.

Der Sentimentale will lieber bemitleidet als gefürchtet sein. Er ist von seiner kleinen Welt abhängig und diese nicht von ihm.

Weichliche Naturen machen gern energische Programme von weitausgreifendem Umfang und erschöpfen im Programm ihren momentanen Enthusiasmus. Das Nächste, Begrenzte mit ruhigem Bedacht ausführen, das giebt Kraft zu Weiterem.

Es heißt: besser Unrecht leiden als Unrecht thun. Der brave Mensch grämt sich weit mehr über ein Unrecht, das er gethan hat, als über ein solches, das ihm angethan wurde.

Bei sensiblen Menschen wissen wir leicht, was sie fühlen, aber fast nie, wie sie handeln werden. Ihr Gefühl sieht und empfindet so viele Seiten einer Sache, daß ihr Urtheil es schwer hat, die für den gegebenen Zweck wichtigste herauszufinden.

Es ist leicht energisch zu sein, wenn man einseitig ist.

Schwache, weichmüthige Menschen lassen sich in der Anmuthung des Momentes leicht zu Versprechungen verleiten, als Vorsätzen und Gelübden vor sich selber und als Verbindlichkeiten gegen Andere. Sie gerathen dadurch oft in bittere Verwickelungen und in den Verdacht der Unzuverlässigkeit; dann bringen sie Opfer, die ihnen nicht gedankt werden.

Der Empfindliche lebt in einem persönlichen Klima, das auch das Anderer sein soll.

Es giebt eine Empfindlichkeit aus Unzufriedenheit mit sich selber und eine andere aus gesteigerter Selbstzufriedenheit. Man könnte sie auch als Erkältungs- und Erhitzungsfieber bezeichnen.

Goethe hat die Tragödie der Empfindlichkeit in zwei weit auseinander liegenden Dichtungen grundmäßig ausgestaltet: Werther und Tasso. Im Werther ist die Empfindlichkeit monologisch und das Widerspiel ist nur gedacht, im Tasso ist die Empfindlichkeit dialogisch und dramatisch schaubar.

Das Thema der Empfindlichkeit floß in der Dichterseele von Werther bis zu Tasso wie unterirdisch weiter und nahm neue Stoffe in sich auf, die es nun metallreicher machten. Werther erscheint minder anmuthend und minder berechtigt, weil er nur seine Subjectivität geltend machen kann. Indem nun bei Wiederaufnahme des Themas der Empfindliche als Dichter erscheint und den Rechtstitel seiner Natur und einer dichterischen Production aufweist, ist auch unsere Theilnahme an seinem pathologischen Zustand eine gesteigerte.

Die Unabhängigkeit vieler Menschen besteht eigentlich in Unanhänglichkeit.

———

Eins von beiden! Entweder du allein, oder tausend Andere über dich. Entweder du mußt dich selbst beherrschen, oder Andere herrschen über dich, bestimmen deine Gemüthsverfassung, deine Handlungen, deine Unterlassungen.

———

Rücksicht, in der ursprünglichen Bedeutung des Wortes Rückschau, läßt nicht gradaus vorwärtsschreiten. Vor der beschlossenen That hat die Bedachtnahme ihre nothwendige Geltung als Vorsicht. Inmitten der Ausführung aber sich nochmals rückschauend auf den Standpunkt der Ueberlegung versetzen und kleinlich oder neugierig die unabwendbaren Folgen in's Auge fassen, erstarrt die begonnene That. Die Bibel giebt hiervon einen sinnvollen Mythus in der Erzählung von Loth's Frau, die in nochmaliger Rückschau versteinert.

Hingebung hält sich gern für eine Tugend, ist aber keine, im gesellschaftlichen Leben wenigstens nicht, wenn sie einer gewissen Reserve entbehrt, das heißt der Haltung. Wer sich stets anlehnt, ganz den Schwerpunkt aus sich auf die Stütze verlegt, der fällt um, wenn die Stütze weicht oder morsch in sich zusammenbricht.

Also Hingebung mit Haltung.

Will man einen Menschen aus dem Wasser ziehen, so muß man ihn in die Arme und an's Herz nehmen, damit ist er aber noch lange nicht unser Busenfreund.

Hast du ein menschenfreundliches Herz, nimm dich in Acht, den Menschen zu viel sein zu wollen. Suchst du unaufgefordert ihnen beizustehen, so erntest du nicht nur Undank in gewöhnlichem Sinne, — das wäre leicht zu ertragen — aber du verlierst auch die Werthschätzung, und das trifft schwer.

Wenn man sich von einem Gemüthszuge hinreißen ließ und ihn unerwidert findet, wird man leicht bös und zornig. So bei Begrüßung des Landsmanns in der Fremde, wenn dieser nichts von Landsmannschaft wissen will.

Das bitterste was du im Leben erfahren kannst, ist die Perfidie. Unser deutsches Wort Treulosigkeit will dem nicht ganz entsprechen, denn es sagt nicht, daß aus deiner Vertraulichkeit, aus dem Aufschluß deines Intimsten, verrätherisch eine Waffe gegen dich geschmiedet wurde. Der Treulose kann es zu einer Zeit ehrlich mit dir gemeint haben, der Perfide hatte nie treue Absicht und Gesinnung.

Du hast das Glück gehabt, manchem Menschen Gutes thun zu können, und es schmerzt dich, wie verbreitet der Undank ist. Ist es aber Undank zu nennen? Es gehört eine höhere Natur dazu, empfangener Wohlthat gegenüber schön und frei zu bleiben, und die Noth des Lebens und der Zerfall mit dem Geschick läßt diese höhere Natur nur schwer aufkommen oder zerstört sie. Die Unfähigkeit, sich erkenntlich zu zeigen, ist oft eine Folge des Mißgeschicks.

Gram und Groll in der Seele tragen, macht reizbar, schwergemuth und frühzeitig alt.

Wenn du es genau überlegst, hat dir Niemand in der Welt mehr Leid zugefügt, als du dir selber; schon darum, weil du Anderen, die es thaten, die Macht gegeben.

Wer sich über Verkennung und Undank der Menschen beklagt, hat sich zuerst über sich selbst zu beklagen, daß er sein Lebenskapital Unbekannten, ja im Stillen eigentlich als zahlungsunfähig Bekannten hingab.

Es können Zeiten und Stimmungen über dich kommen, wo du dein Glück, deine Erlösung aus Pein mit Aufopferung deiner Grundsätze erkaufen willst. Traue dir nicht. Nicht du wäreſt glücklich oder auch nur ruhig geworden, sondern ein Anderer, zu dem du dich durch Mißgeschick und Willensschwäche herabwürdigen und verwandeln ließest.

Das schlimme Interim! Nicht blos staatlich, auch persönlich. Es giebt Menschen, die bis zum Lebensende im Interim stehen. Und sind Diejenigen, die erst das Jenseits für das wirkliche Leben halten, nicht Interims-Existenzen?

Erinnere dich, du hast Tage, Wochen, Monate in fraglicher Existenz gestanden, jeden Morgen erwachte auf's Neue die Frage: Was wird aus dir? Einstweilen setzten sich die Funktionen von selber fort, aber es war kein Gedeihen in irgend einem Thun. Wenn wir auf die Geschichte unseres Volkes zurückschauen, so erkennen wir, daß wir seit dem Ende des dreißigjährigen Krieges im politischen Interim gestanden, und doch war das geistige Leben der Einzelnen so voll Triebkraft.

Die Natur kennt kein Interim, sie ist immer fertig und immer in der Entwickelung. Das müssen wir im Geistesleben frei bethätigen.

Je unglücklicher man ist und je weniger man sich dabei selbst hilft, sondern Hülfe von Zeit und Menschen erwartet, um so anspruchsvoller wird man. Es sollen die Anderen von selbst an Einen denkend helfen. — Zum Kranken kommt man aber noch weniger als zum Gesunden.

Es giebt Nächste-Montagsmenschen, permanente Vorsätzlinge, die allen Ernstes sagen: laßt nur das und das sein und Ihr werdet sehen, wie ich frisch an's Werk gehe, laßt nur erst diese paar Tage und dann den Sonntag vorüber sein, am Montag mit der frischen Woche fange ich an. —

Gilt nicht! Heute ist Montag, in jeder Stunde fängt die Woche, der Monat, das Jahr und das Leben überhaupt an.

Wer keine Freude an der Welt hat, an dem hat die Welt keine Freude. Wen nichts anmuthet, der kann selbst nicht anmuthig sein. Der Stolz, der sich nicht hingeben will, wird zur Ungrazie; er ist nichts Positives, sondern ein Mangel.

Warmherzige Hingebung erwirbt Freunde, maßvolle Haltung bewahrt sie.

Unrecht, Mißdeutung, Mißhandlung erfahren, thut weh; das Schlimmste aber ist, wenn man inne wird, daß solche bittere Erfahrung uns zu verschlechtern und die mißkannte Gewissenhaftigkeit und Rechtschaffenheit in Gewissenlosigkeit zu verwandeln droht.

Eine Beleidigung stößt man so leicht heraus, und ein Reubekenntniß wird so schwer, ja man sucht gern für das unüberlegt Gesprochene, Gethane, allerlei Scheingründe, als ob man es mit reifstem Bedacht gesagt und gethan hätte. Und doch ist es nicht geradezu ein Zeichen von der Schlechtigkeit der Menschennatur, daß man ein unbedacht begangenes Unrecht so schwer ausgleicht, es ist vielmehr das: wo ein Affect uns fortreißt, da geht Alles rasch, ganz anders aber wird's, wenn etwas aus Ueberlegung wieder berichtigt werden soll.

Der Trauernde ist ein Kranker. Man wird leicht gegen einen Trauernden wie gegen einen Kranken unwillig und ungerecht.

Es giebt Seelen in denen die Undankbarkeit eine Grundstimmung ist. Während sie etwas hören, das sie erst lernen sollen, haben sie statt des Gefühls der Erkenntlichkeit schon einen Widerspruch dagegen bereit.

Gesunde und dabei selbstsüchtige Menschen, haben einen wahren Zorn auf Kranke, als wären sie Uebelthäter. Allerdings giebt es ein Krank- und ein Unglücklichsein, das alsbald verschwinden müßte, wenn man ehrlich vor sich und willenskräftig gegen die Störung wäre, aber nicht immer ist das der Fall, und die Frage der Priorität von Kraft und Wille tritt hierbei wieder ein.

Die große Wetterscheide des Lebens, die ganze veränderte Welt- und Menschenbetrachtung tritt von da ein, wo man erkennt und erfährt, daß es Menschen, ruhige, bürgerlich wohlgeordnete und geltende giebt, die sich selbst geradezu gestehen: ich bin kein braver, ehrlicher, aufrichtiger, guter Mensch und weiß, daß ich auch bei Anderen nicht dafür gelte und will's auch nicht.

Das Lächeln ist die beliebteste Form der Lüge. Wie viel wird gelächelt, wo man eigentlich theilnahmlos und widersprechend ist, oder auch ein Vorgebrachtes gar nicht versteht. Mit Mienen lügen hält man nicht für thatsächliche Lüge.

In der Lüge liegt für den, dem sie aufgebunden wird, auch etwas Geringschätzendes. Der Lügner mißbraucht den Glauben und redet sich auch ein, daß dem Hörenden das scharfe Urtheil fehle.

Im Loszichen auf Andere, ja auch im Beklagen ihrer traurigen Lage liegt oft ein Wohlgefühl des eigenen Behagens, ein sich den vollen Bauch streicheln.

———

Wie kann ein Mensch leben, der von sich weiß, daß er heuchelt? Er kann es nur, indem er sich sagt, daß auch die Anderen heucheln.

Erklärte mir ein Mann: Wenn mir Jemand freundlich ist, so frage ich: „Was will der?" Das nennt man Weltklugheit.

———

Wer nicht an Andere glaubt, weiß vor Allem, daß er selbst keinen Glauben verdient.

———

Hat ein Mann, den du irrthümlich für deinen Freund hieltst, dir unleugbares Unrecht angethan, so stöbert er nach alten nicht quittirten Rechnungen in Eurem Verkehr.

———

Wenn du einen Flecken an dir entdeckt hast, so suchst und findest du auch gern die Flecken Anderer.

———

Wer vor dem Lichte die Augen schließt, kann mit vollem Recht sagen: es ist finster.

———

Es ist eine alte Sage, daß, wenn man viele Jahre ein Feuer ununterbrochen erhält, endlich aus dem Feuer eine Art Salamander hervorgehe, den man mit nichts tödten kann. Wenn man in anhaltender Spannung über die Lebensfrage steht, wenn man in einer Seele Leidenschaft und Empörung fortwährend schürt, sie nicht ruhen läßt und allen Bestand tagtäglich neu unterwühlt, da schießt endlich aus solch ununterbrochenem Feuer ein Ungeheuer hervor, das Niemand mehr bewältigen kann, kein Element, keine Waffe.

—

Wenn man auf einen Menschen wartet, lange vergebens wartet, in der Irre nach ihm ausschaut, ihn sucht, da kommt man leicht dazu, dessen Fehler und Untugenden mit äußerster Schärfe zu erkennen und zu rügen. Man zankt sich mit ihm, und er ist nicht da, und zankt sich mit ihm, weil er nicht da ist und doch in Gedanken uns nicht uns selbst läßt. Der innere Widerspruch, der im Warten, und im ungewissen, bald zuversichtlichen, bald verzweifelnden Warten liegt, der alles Begegnende fraglich und gleichgiltig macht, dieser Widerspruch wird zu einer selbständig dämonischen Gewalt.

Die eigentliche Bösartigkeit ist die Schadenfreude, und sie giebt sich oft als redseliges Mitleid. Initiativ einem Anderen Schaden zufügen und sich dessen freuen, solcher Teufelei sind nur wenig Menschen fähig, aber Vielen ist es genehm, wenn das Schicksal ihnen solche Arbeit abnimmt.

Wer einen mit Recht erwarteten Brief lange zurückhält und dem Wartenden Tage des Räthselns auferlegt, begeht Aehnliches, wie wenn man einen Schuldlosen verhaftet und ihn nach Tagen wieder freiläßt. Wer giebt ihm die Tage, die er im Gefängniß verbringen mußte, wieder zurück?

Beim Wegzuge von einem Wohnorte zeigt sich die Lockerheit mancher gesellschaftlichen und freundschaftlichen Verbindungen oft überraschend, wie die Möbel, wenn sie verladen werden, oft auseinanderfallen und Füße verlieren, während sie in der Ruhe doch so lange behäb beisammen und fest auf ihren Füßen standen.

Im Anfang war das Feuer, kann man von der Schöpfungsgeschichte der Kultur sagen; der Mensch allein hat das Feuer, und es macht ihn unabhängig von klimatischen Bedingungen, wie es ihm seine Speise und seine Werkzeuge bereitet. Die Sage vom Prometheus und die vom Baume der Erkenntniß ergänzen einander. Diese bezeichnet den Ursprung des freien Wissens, jene den Ursprung des freien Könnens.

Die vollendete Bildung und die vollkommene Unbildung kennen keine Langeweile, jene weil sie allzeit und überall ein Object des Denkens und Empfindens hat, diese weil sie dessen nie und nirgends bedarf.

Wenn man einen Bauer fragt: wie viel Einwohner hat euer Ort? weiß er's in der Regel nicht. Es ist das aber nicht Stumpfheit, sondern das natürliche Zeichen der Nichtreflexion, der stillen Eingesessenheit.

Bildung und Sitte müssen so zur Natur geworden sein, daß sie sich auch in den unbewachten Momenten kundgeben. Das ist die echte Decenz, die auch vor sich selber die schickliche Form bewahrt.

Die Menschenfreundlichkeit kann sich auch als Höflichkeit äußern; in der Regel aber weiß und will diese nichts von ihrem Ursprung und ist hohle, inhaltslose Formel.

Nach der biblischen Tradition wurden alle Naturwesen durch das einfache „Werde!" in's Leben gerufen; der Mensch allein wurde geformt und gebildet.

Der geschichtliche Mensch nährt sich nach der Muttermilch von gekochter Speise, und die Kochkunst ist wie jede Kunst ein historisches Gebilde mit Tradition und Technik.
Niemand schmeckt mehr absolut rein. Ein Jeglicher hat eine historisch belegte Zunge.

Alle Bildung, die übertragen werden kann, ist nichts als Handreichung und Führung dem, der sich selbst bewegt.

———

Es giebt eine Vorbereitung im Leben des Geistes, die dich fähig macht, einen Menschen, dessen Namen du nicht gekannt, dessen Antlitz du nicht gesehen, von dessen Dasein du keine Ahnung hattest, in dich aufzunehmen, als wäre er Ein Leben mit dir gewesen.

———

Der Gebildete hat ein bewaffnetes geistiges Auge.

———

Wenn der Waldbaum hoch genug ist, kann man den Telegraphendraht an ihm befestigen, ohne ihn durch Abhauen der Spitzen zu tödten; er lebt fort.

Es giebt eine Virtuosität der Bildung, die sich die Fertigkeiten des Genies angeeignet hat ohne seine schöpferischen Entwickelungen.

—

Die unteren Stände nehmen nicht nur die abgetragenen Kleiderformen, sondern auch die abgetragenen modischen Empfindungsweisen höherer Schichten als Sonntagsstaat auf. Die Sentimentalität ist in eine niedere sociale Region hinabgestiegen.

—

Man kann an derselben Flamme verschiedenartige Lichter anzünden; es kommt nur darauf an, daß jedes aus seinem eigenen Stoffe weiter brenne.

—

Die Naivität ist die psychische paradiesische Unschuld, die, sobald sie vom Baume der Erkenntniß und Bildung genossen, sich ihrer Nacktheit schämt und sich verbirgt.

Naivität, Bildung und schließlich Freiheit, oder Corruption; das sind die Entwickelungsstufen des Menschengeistes. In der Naivität: naturgesetzlich gebunden; in der Bildung: durch Maß und Regel der Erkenntniß gelenkt; in der Freiheit: zur Selbstführung seiner Natur gelangt; in der Corruption: zurückfallend in gesetzlos gewordene Natürlichkeit.

Der ganze Unterschied zwischen Ungebildeten und Gebildeten ist oft nur der, daß jene den verbotenen Apfel mit Schale und Butzen aufessen, während ihn diese sich säuberlich schälen.

Die Corruption betrachtet alle Bildung nur als Toilettensache, als gesellschaftliche Herrichtung. Vor sich selber macht sie keine Toilette; denn Erscheinen oder eigentlich Genießen, nicht Sein ist ihr Grundzug.

Das Geistreiche als Selbstzweck ist schon der Beginn der Corruption.

Es giebt eine Vorhemdchens-Bildung, die eben nur so viel hat, als zum Gesehenwerden nöthig ist.

Der Geistreiche verhält sich zu dem Geistigen wie ein Springbrunnen zu einer tief gefaßten Quelle: jener, durch ein mechanisches Druckwerk getrieben, spritzt und plätschert und schillert, tränkt und nährt aber nicht, diese, tief in sich quillend, ungehört und ungeschaut bietet einen Labetrunk dem, der es versteht daraus zu schöpfen.

Es giebt ein Leben für's Album. Ein Kunstwerk, ein Naturanblick, ein bedeutsames geschichtliches Ereigniß wird von Vielen nicht als Erfüllung und Erhöhung ihrer Individualität gesucht und empfunden, sondern sofort für das Album bereitet. „Wie wirst du dich daran erinnern?" das denken Viele inmitten des Erlebnisses.

Menschen ohne eigenes festes Naturell lernen leicht viel. Sie bestehen immer nur aus dem momentan aufgenommenen Inhalt, wie gewisse Weichthiere eigentlich nur Magen sind und die aufgenommene Speise immer durchscheinen lassen.

„Was macht die Riesin jetzt am Morgen, wenn sie Niemand sieht?" fragte ein Kind, das Tags vorher in einer Schaubude gewesen. Die Mutter wurde bös; sie dachte an ihr gestriges Glänzen in der Gesellschaft.

Es giebt Menschen, bei denen, wie in modernen Kaufläden, Alles an den großen Schaufenstern hängt; wenn man hineinkommt, ist nichts drin.

Vorherrschend witzige Menschen haben selten geraden Verstand, denn das Unlogische, Abspringende, combinirt in der Regel den Witz.

Zum Fortkommen in der Welt bedarf man einer gewissen Legirung mit Albernheit, wie die umlaufende Silbermünze des Kupfers bedarf.

———

Eine Hauptkunst der Weltmänner ist Ignoriren, als Maske des Nichtwissens; dadurch ist der Antretende in der Nöthigung, sich auszusprechen und zu erklären, und der in Ruhe sich Haltende gewinnt eine sich von selbst ergebende Souveränetät.

———

Ein Mensch, der gewohnt ist, sich in seinem Kreise unfläthig gehen zu lassen, bekommt in fremder, gebildeter Gesellschaft leicht etwas Geziertes, Gemachtes.

———

Daß ein Mädchen mit gebildeten Kleidern einen Hund zehnmal auf die Schnauze küßt, das findet man nicht gemein; wenn aber Einer im natürlichen Ekel: „Pfui Teufel!" dabei ausruft, o, wie gemein ist das!

Es giebt Menschen, die Alles so subtil und scharf behandeln, daß sie, so zu sagen, Brod mit dem Rastrmesser schneiden.

Richtig denkende Menschen, die sich verkehrt ausdrücken, sind wie Uhren, die ganz gut gehen, aber falsch schlagen.

Es giebt Menschen, vorherrschend ästhetische, die ihr Leben lang und am liebsten Fremdenführer sind; das Fremde und der Fremde macht noch am meisten einen ästhetischen Eindruck und keinen familienhaften Anspruch auf persönlich fortgesetzte Theilnahme.

Das Sprechen fremder Sprachen giebt Vielen die geschulte und bewußte Logik. Man ist genöthigt, dem, was man sagen will, eine Bestimmtheit zu geben nach Form und Inhalt und den Gegenstand sachlich zu überlegen, und so erhält das Sprechen eine gewisse unmittelbare logische Fülle, Fertigkeit und Bestimmtheit.

Ein Kind soll keine fremde Sprache lernen, bevor es die Eindrücke des Lebens in der heimischen ausdrücken kann. Man pfropft einen Rosenstrauch und einen Fruchtbaum erst, wenn sie zu wilden Stämmchen erwachsen sind.

Das Kind thut nicht gern etwas Zweckhaftes und vor Allem nicht gern nach Befehl. Welch eine Lust ist es, die Mohnköpfe im Garten auszuschütteln; aber sich still hinsetzen und die Mohnkörner in eine Schüssel entleeren, das will das Kind nicht. Die Gebundenheit und das Einerlei ist ihm beschwerlich.

Es giebt auch viele Erwachsene, die noch solche Kinder sind, sie thun Alles gern aus Passion und Zeitvertreib, aber nicht als Pflicht.

Groß ist der Sinn für Gerechtigkeit in einem Kinde, zumal in den ersten Jahren der Schulpflichtigkeit. Hast du als Lehrer einen Knaben ungerecht gestraft, so vergißt er das nicht leicht; alte Männer erzählen noch von Ungerechtigkeiten in der Schule. Ein begangenes Unrecht und eine dafür verbüßte Strafe vergißt man dagegen sehr schnell.

Man hat in der modernen Pädagogik den Anschauungsunterricht auch dahin ausgedehnt, daß bereits in den ersten Lesebüchern die alltäglichen Gegenstände in Umrißzeichnungen den Kindern vor Augen gestellt werden, und das hat sicher etwas Erweckliches. Es bleibt aber die Frage, ob die unmittelbare Anschauung, die fruchtbare Wahrnehmung charakteristischer Besonderheiten nicht dadurch beeinträchtigt wird. Es ist einer der heikelsten Punkte des ganzen modernen Lebens, daß man mit dem Verstande mehr lernt, als Gemüth und Gesinnung bewältigen können; man lernt auch noch mit fremden Augen sehen, bevor man mit eigenen Augen gesehen hat. Das Hinweisen ist vielfach störend, und es ist mir immer als ein besonderes Symbol erschienen, daß nach dem Volksglauben man nicht mit dem Finger auf einen Stern hindeuten dürfe, denn man steche dabei einem Engel in's Auge.

Weil in großen Städten die Eltern so vielfach in Gesellschaft und von socialen Dingen beansprucht leben, müssen sie den Kindern vorzeitige Vergnügungen verschaffen, nur um sie zeitweilig gut unterzubringen.

𝔈m Volke lebt man wie im Wald — jeder Baum für sich und doch zusammen Wald.

In der Gesellschaft ist man ein Baum im Parke; man vergißt bisweilen die Umzäunung, aber man muß sich dem Kunstgärtner Etiquette zu Gebote stellen.

𝔚ir machen oft auf großen Umwegen, durch allerlei Schicksale, Ereignisse und deren innere Verarbeitung eine Erfahrung, die in Worte gefaßt so trivial und alltäglich lautet (wie z. B. Aufrichtigkeit ist das Beste), daß wir staunen, wie wir sie nicht von vorn herein zur Norm unseres Handelns gemacht.

Wir müssen individuell, besonders und eigenthümlich uns das wieder erobern und aneignen, was längst Eigenthum der gebildeten Menschheit ist. Bildung und Unterricht, besonders aber Erziehung kann uns Vieles hiervon zum Natürlichen und Ureigenthümlichen machen, aber in vielem Andern ist es wiederum gar schwer, das zum Leben zu machen, was Wissen und gegebene Lehre ist; von der Speculation bis zum Leben ist ein großer Schritt, sonst stünde ein Primaner höher, als Plato und Cicero, da er ja ihre Werke und die noch vieler Anderer gelesen.

Um glücklich und gebildeten Geistes auf dem Lande zu leben, dazu gehört Freiheit und Fülle in sich und ein geklärtes Wesen; der Halbgebildete ist am glücklichsten in der Stadt, wo es viel der äußeren Bildungsgenüsse giebt, Garküchen, wo auch oft das Faule mit Gewürzen und Saucen schmackhaft gemacht ist; auf dem Lande aber gilt es, sich das Eigentliche selbst bereiten, schaffen, holen.

Der Waldstrom, der über Felsentrümmer dahinrollt, kann in seiner Wasserkraft nicht gradeswegs benutzt werden, man fängt das Gefälle in wohlangelegten Nebenleitungen auf, man baut Wehre, und erst die regulirte Kraft arbeitet gesetzmäßig.

Das ist auch Bildung.

Ich habe in meiner Lebenszeit nicht soviel unglückliche Unverheirathete als unglückliche Verheirathete gesehen.

So verstehe ich den Spruch des Apostels.

Kommt es vielleicht davon, weil die Unverheiratheten die Minderzahl sind?

Die gemeinsame Arbeit der Ehegatten oder nur das, daß sie beide arbeiten, bedingt die gerechte, friedliche Stimmung.

Das Sprichwort sagt: „Die beste Frau ist die, von der man am wenigsten spricht." Ich verstehe das so: wenn man von einer Frau spricht, sollte es an einem einzigen Worte genügen. Man soll sagen können: sie ist eine gediegene, eine brave, eine wirthschaftliche, oder eine edle Frau. Hat man noch viele Worte hinzuzufügen, so ist das nicht gut.

Das beste und leichteste Schönheitsmittel für Frauen ist ständige Sanftmüthigkeit und Theilnahme an den edelsten Interessen der sie umgebenden Menschen. Das konservirt und giebt dem Antlitze einen unvertilgbar heiter frischen und anmuthenden Ausdruck. Wenn man die Frauen lehren könnte, daß Herbheit sie häßlich macht, das wäre der beste Bekehrungsweg.

Neid empfinden ist ein vornehmlich den Frauen anhaftendes Laster; das Gelüsten, das Begehren ist der passiven Natur. Der Mann, der zu erringen hat, und erringen kann und soll, ist dem Neide weniger unterworfen, weil er zu ermessen vermag, welche Mühe der Erfolg gekostet hat, den die Frau nur vollendet und scheinbar als reines Geschenk vor sich sieht.

Eine im Ansturm gewonnene Liebe kann auch in einem solchen leicht wieder verloren gehen.

Eifersucht ohne Liebe ist wie Rauch in der Stube ohne Wärme.

Wenn heute Pygmalion seine belebte Statue heirathen und in die Gesellschaft führen wollte, „hei!" würden da die Menschen rufen, „das ist ja sein Modell!"

Vieler Menschen Tugend besteht nur darin, daß sie nichts vertragen können.

—

Weiche, eindrucksfähige, in's Detail ansempfindende, was man kurz gemüthliche Menschen nennt, gerade diese sind auch launisch. Es sind eben Menschen, die lebenslang in der Entwickelung sind, in einer Art Frühlingszeit verbleiben; weniger im Sommer und im hohen Winter, als im Frühling ist das Wetter unbeständig, jäh abwechselnd.

.

Viele Charaktere sind nichts als eine Mosaik von Stimmungen; mit der Zeit bröckeln sie leicht ab.

—

Die Gesellschaft will nicht, daß man ihr eine Stimmung bringe; man kommt ja nicht mit eigenem Licht in die erleuchteten Gemächer, man soll sich nur in der gegebenen Beleuchtung angenehm tummeln und sich die für Auge und Ohr bereiteten Genüsse genehm sein lassen.

—

Der beste Gesellschafter ist der, der von einer Arbeit kommt; ist er auch müde, der Geist der Arbeit ruht auf ihm, und die ruhende Energie der Lebenskraft ist anmuthend.

Manche Menschen kommen mir in ihren beengten Verhältnissen vor wie ein Schattenriß unter Glas und Rahmen gegen das lebendige freie Leben; nur ein dunkles, kaum die äußerliche Form wiedergebendes Bild steht da, das Beste der Persönlichkeit geht nicht in diese Umgrenzung und paßt nicht zu dem, was man von ihr abnehmen wollte.

Eine große Frage der Lebenskunst ist, inwieweit wir unsere Persönlichkeit, unsere Eigenthümlichkeit mit in die Gesellschaft nehmen und an sie hinausgeben dürfen.

Zu viel Persönlichkeit atomisirt die Gesellschaft, zu wenig Persönlichkeit verflacht sie und macht sie farblos, fade und vag.

Wenn man altvertraute Menschen wieder, oder einen neuen Menschen zum ersten Mal gesehen, hat man Morgens beim Erwachen ein Gefühl, als hätte man sie gestern noch nicht im Tageslicht gesehen oder eigentlich in einer fremden Beleuchtung; heute erst wird man sie recht und klar sehen. Man hat sie gestern nicht im stetigen weißen Licht, sondern im Morgenroth der Wiedersehensempfindung oder des ersten Aufgangs erschaut; heute soll sich das Alles erst ruhig und schön setzen und beleuchten.

Es giebt ein Abbrechen des Gesprächs, einer Erörterung, bei dem man das Gefühl hat, als ob man sich nicht ordentlich abgetrocknet hätte nach dem Waschen.

„Bitte, lieber Herr Medicinalrath, sagen Sie mir ohne Schonung die volle Wahrheit, wie es mit mir steht!"

„Ja, lieber Freund, sage mir schonungslos meine Fehler und Mängel!"

Will Jener und will Dieser die ganze Wahrheit und nichts als die Wahrheit?

Wie unser Gesellschaftsleben überhaupt, so ist besonders auch die Carnevalslust vor sich selbst vielfach erlogen. Die Phrase von der tollen Carnevalslust beherrscht die Menschen, und man hat nicht den Muth, die Freude zu improvisiren. Man maskirt sich innerlich vor sich selbst, thut toll, ohne es zu sein.

Du wünschest so zu erscheinen, wie du bist, und doch kannst du es wohlgefällig aufnehmen, wenn man dir sagt, du sähest zehn Jahre jünger aus, als du bist. Vielleicht kommt es davon her, daß du daraus eine Zuversicht höheren Alters schöpfest.

Die widerwärtigste Menschengattung ist der reservirte Philister; er lächelt zu Allem, was gesagt wird und was geschieht, er weiß Alles besser, was zu sagen ist und was zu geschehen hat, er kompromittirt aber seine Stellung und seinen Verstand nie.

Es giebt Menschen, die so wachsfiguren aussehen, daß man glaubt, jede Minute kann es schnurren und die Automaten fangen zu spielen an.

Manche Menschen bringen im Gespräche zugespitzte Treffworte von ehedem vor, die wie eingelegte Gemüse sind; sie haben etwas Stickiges, Muffiges.

Das Vielbesuchen macht öde wie das Speisen an der Gasthofstafel; man ißt von allen Schüsseln und hat zuletzt doch eigentlich keine gesunde Sättigung.

Die Menschen reisen und wollen flugs Geschichte erleben, die Intimitäten und großen Thätigkeiten der Volkspsyche kennen lernen; das ist, als wärest du auf einer Alpenhöhe und wünschtest sofort einen Adler fliegen zu sehen und schreien zu hören.

Stubengelehrte, die den ganzen Tag bei ihren Büchern sitzen, sind oft in Gesellschaft die Redseligsten, die Niemand zu Worte kommen lassen und sich so mit Anderen zu unterhalten glauben. Sie hören oft den ganzen Tag ihre Stimme nicht, sie gehen nur mit Büchern um, die ihre Gedanken sehen lassen, nicht hören machen, da bricht dann unbewußt im Angesichte der Menschen der ganze verhaltene Geselligkeits- und lebendige Mittheilungstrieb über alle Schranken und Dämme.

Die im Eisenbahn-Wagen Sitzenden sind gewissermaßen verstimmt oder sarkastisch gegen den, der auf einer Mittelstation einsteigt. Das Eisenbahnreisen bringt eine eigenartige Gereiztheit der Stimmung hervor; man ist innerlich in Eile, gehetzt, die glückliche Reisestimmung, die Ruhe in der Bewegung ist verschwunden und absolute Bewegung und Unruhe geworden.

Eine Mißhelligkeit, ein Disput wirkt auf eine verstimmte Seele leicht wie eine Reizung und Verwundung auf einen schlechtgesafteten Körper; es citert Alles und heilt schlecht.

Es können Menschen, und seien sie noch so belebt, nicht einen ganzen Tag zum Amusement mit einander in Stuben leben, man empfindet das Bedürfniß der Isolirung, und so greift man zum Kartenspiel; man ist dabei zusammen und doch in einer anderen Sphäre, und wenn das Spiel aufhört, kommt man eigentlich wieder zu einander in Gesellschaft und begrüßt sich neu.

Wenn der Strom niederer wird, sieht man erst, an wie viel Stellen er seicht war. Menschenseelen und Ströme, die ihren Zufluß nicht aus inneren tiefen Quellen, sondern eben nur von außen haben, vom Regen, vom Schneeschmelzen, von Tagesereignissen und Lectüre, sind sehr leicht in ihrer Seichtigkeit und Veränderlichkeit erkennbar.

Es geschieht leicht, daß man bei einer Beweisführung einen guten, unwiderleglichen Grund vorbringt, aber man redet sich in Hitze, das Vorgebrachte wird gehäuft, ein halber, haltloser Grund wird hinzugefügt und Alles ist verdorben. Ein fauler Apfel unter einem Haufen steckt die anderen an oder giebt ihnen wenigstens einen Faulgeruch.

Wie leicht überträgt sich eine Verstimmung. Wenn Zwei gemeinsam auf einen versprochenen Besuch warten, den gewohnten Gang des Lebens unterbrechen, harrend dasitzen und — vergebens; da kommt es leicht, daß die Beiden über irgend eine Kleinigkeit mit einander in Streit gerathen. Die Verstimmung gegen den Abwesenden trägt sich leicht auf den Anwesenden über.

Es ist gefährlich, wenn man in bedrückter, zaghafter Stimmung ist, mit einem alten Widersacher zusammenzukommen. Leicht thut sich da eine gewisse innere Abtrünnigkeit auf, man ist versöhnlich, unbillvergessend mit dem Einzelnen, wo man die ganze unfaßbare Welt sich entgegen weiß. Aber das hat keinen Halt.

Eine Miethswohnung suchen macht verstimmt und mißmuthig. Warum? Wohl weil du dir deines Fremdseins auf der Welt neu bewußt wirst.

In hülfloser Verlorenheit wird man leicht abergläubisch und läßt sich vom Zufälligen bestimmen.

Worin liegt denn die Lust, daß die Menschen so gern waghalsige Seiltänzer und Menschen, die ihren Kopf in den Rachen eines Löwen legen, mit ansehen?

Ich glaube, es ist ein Spielen mit der Gefahr und doch auch eine Lust, die Kraft des Menschengeistes wahrzunehmen und daneben im Gefühl der eigenen Sicherheit zu stehen.

Der Mann, der Morgens seine Stiefel anzieht und vorher die Sohlen beguckt, stammt aus armen Verhältnissen.

Es giebt Menschen, denen die Ehre wie ein Faß Wein erscheint; jeder Schoppen, den ein Anderer trinkt, ist ihnen weggetrunken.

Wenn man in gleichbleibender Schrittmäßigkeit ein Fuhrwerk bei der Fußwanderung einholt, überholt man es auch. Was dich dem Vorausgehenden nahe brachte, bringt dich auch darüber hinaus.

Beim Reiten kommt der Geist in eine Art träumerischen Trott, es ist nicht möglich, dabei logisch konsequent fortzudenken, weil wie der Körper so auch die Seele (und das beim besten Reiter) in fremder Gewalt ist und mindestens eine Theilung der Seelenthätigkeit dabei eintritt. Daher ist es für zuviel Denkende gut, wenn sie reiten müssen und sich selbst entführt werden, und passionirte Reiter sind selten systematische Denker.

R. R. hofft in der anderen Welt zu seiner Seligkeit, mit Raphael, mit Mozart und Goethe zu leben. Wie aber können diese selig sein, wenn sie mit R. R. leben müssen?

Die Juden sind Kinder des Mitleids, sie verstehen Leid zu tragen, zu lindern, weit besser, als Freude zu schaffen; die Erinnerung vergangener Gedrücktheit macht sie verständnißvoll für alles Leiden.

Du sollst nicht Reue haben, oder nur so weit, daß du den begangenen Fehl künftig meidest. Das kann man praktische Reue nennen.

Aber wunderlich! Man lernt aus dem begangenen Fehl oft ganz Anderes als man eigentlich daraus lernen sollte.

Es giebt ein Imponiren dadurch, daß man den Menschen ihre eigenen Ideen klar und flüssig macht, und darin liegt etwas Befreiendes, Dank Erweckendes; die Mehrzahl aber fühlt sich dadurch imponirt, daß man ihr zu verstehen giebt, ich spreche Dinge, die du eigentlich nicht fassest und nicht fassen kannst, und die Orakulirenden wirken dadurch noch umsomehr.

Es giebt Menschen, die so gescheit und gut aufnehmend sind, daß wir gescheiter werden, wenn wir mit ihnen zusammen sind und Gescheiteres, Belebteres, tiefer Gehaltenes vorbringen, als sonst. Wir lieben unbewußt solche Menschen, ihr Sein ist uns wie eine Wohlthat.

𝔈s giebt Menschen, die der Seele eine Sättigung geben. Wo zwei zusammensitzen und von ihnen reden, fühlt Jeder sich glücklich im Erkennen und Auslegen des Reinen und Schönen und ist dem Andern dankbar für jeden neuen Einblick. Aber seltsamer Weise ist man bald fertig im Darlegen und Erklären des rein Schönen.

Und wieder giebt es Menschen, die, wo zwei beisammensitzen, einen unerschöpflichen Stoff der Betrachtungen bieten, und diese wenden sich meist auf das Unliebsame, während das Anziehende gewaltsam eingemengt und hervorgehoben wird. Will man endlich abschließen, so fühlt man sich verpflichtet hinzuzufügen: Uebrigens heuchle ich nicht, wenn ich der Person freundlich begegne; denn sie hat nicht nur viel Bestrickendes, sondern auch Gutes.

𝔚ohlwollen der Menschen, freundliche Ansprache ist wie milder Sonnenschein in ersten Frühlingstagen; es macht gesund und weckt alle Keime.

Sie sehen dem und dem ähnlich — das wird dir oft gesagt. Du selber findest keine solche Aehnlichkeit. Warum? weil du kein Spiegelbild von deiner eigenen Erscheinung hast. So oft du dich auch im Bilde betrachten magst, du kannst nicht einmal bestimmen, wie weit es durch die rechte Lichtwirkung dir ähnlich ist.

Du kannst dir jederzeit die Erscheinung eines abwesenden Freundes genau aus der Erinnerung vorstellen, dich selber aber nicht. Das mag nicht nur davon herkommen, weil Niemand die rechte Distanz zu sich hat und die rechte Objectivität, auch seelisch kennst du dich nicht ganz, du unterschätzest oder überschätzest dich.

Man beurtheilt Andere leicht nur nach dem klaren und dürftigen Maaß ihrer Thaten, sich selber aber nach den Thaten und noch obenein nach allem dem, was man gedacht und gewollt hat und in sich schlummern fühlt.

Frühling! die heilige Schönheit der Welt geht dir neu auf und erfüllt dich mit dem Friedens- und Segensgefühl des Daseins. Du bist im Jetzt und in der Ewigkeit, im Geheimniß alles Lebens; es leuchtet, es duftet und klingt, und das alltäglich Gewohnte ist verklärt. Mit jedem Frühling erwachst du wieder im Paradiese.

Es giebt keinen reinen Frühling. Man wandelt immer auf dem welken Laub vergangenen Daseins.

In der Rosenknospe ist Alles vorbereitet, aber Duft und Farbe entstehen erst im Licht.

Die schönste Blume, die Rose, ist am längsten Knospe und sie blüht lange, bevor sie sich entblättert.

Im Sturm brechen die Blüthen an den Bäumen rasch auf; der trockne Frühling bringt zuerst mehr Blätter vor den Blüthen als der nasse.

Nur noch ein einziger Regentag! Alle Knospen springen auf. Der helle Frühling ist da. Es giebt im Frühling auch eine Unruhe im Gemüthe, die dem harrenden Drängen draußen parallel geht.

Es ist keine Blume so einsam im stillen Thal, es kommt eine Biene, ihren Honig zu kosten.

Die erste Rose am Baume giebt es selten, es brechen in der Regel viele auf Einmal auf, aber die letzte Rose im Herbst giebt es.

Die Blumen blühen nicht nur in schönen, wohlgepflegten Gärten, sie blühen auch auf verwitterndem Gemäuer, im Gestrüpp und in vergessenen Winkeln. Das erst macht die Welt schön und in der Ueberfülle reich.

Die Biene weiß, daß auch in der Blüthe der Weide am Bach und in all den glanzlosen Blüthen Honig ist und sie hebt ihn heraus. Ueber der eben aufgebrochenen klebrig glänzenden Weide summt es mächtig.

Nicht alle Blumen duften uns, vielleicht haben aber Schmetterlinge und Bienen feinere Nasen als wir Menschen.

Am Saume des Waldes, ist der mannichfaltigste Vogelgesang, da tönt das Lerchenschwirren mit Ammer und Zeisig, Amsel, Fink, Drossel, Rothschwänzchen und Kohlmeise zusammen. Nur Wenige, die tief im Walde nisten, singen dort.

Die Lerche kann ebenso leicht gehen als fliegen, die Füßchen schreiten so rasch und leicht vorwärts, als würde der unbewegte Körper geschoben. Die Schwalbe dagegen geht nicht, sie fliegt von einer Stelle am Boden auf eine andere.

Nistet auf der Blutbuche kein Vogel? Kann sein, weil sie sich zu spät belaubt. Ich hörte aber auch noch keinen Vogel auf der Blutbuche singen. Nur die Elster versteckt sich bisweilen in dem dunkeln Laube.

Es giebt Vögel, die zwitschern nur und allzeit so, wie wenn sie das Maul nicht recht aufmachen könnten oder wollten.

In die freie Natur gehören die hellen Farben der Kleidung; der natürliche Geschmack umgiebt sich mit Sonnigkeit, wie die Blume.

Wenn der Sommer zur Neige geht, fürchtet man von jedem trüben regnerischen Tage: jetzt dieser und dieser bringt den schon vielfach in's Haus bannenden schwergemuthen Herbst, und man begrüßt dankbar die Sonnenhitze, über die man noch vor wenigen Tagen klagte.

Sobald die Wasserlilie aufgebrochen ist, sieht sie wie zerstört aus.

Es weht der Wind über die Stoppeln. Sobald der Roggen gemäht ist, beginnt ein eigenes Reich des Windes.

War Sturm in der Nacht, und tausend unreife Birnen und Aepfel liegen am Boden.
Mit wieviel Wetter hat solch eine Baumfrucht zu kämpfen, bis sie reif ist.

Das Gesetz Mosis, daß man die ersten drei Jahre die Früchte eines neu gepflanzten Baumes nicht pflücken und genießen darf, ist ein der Baumzucht sehr förderliches. Dadurch ist der Baum vor Schädigung gesichert und er gedeiht still. Auch eine Natursinnigkeit liegt darin. Jetzt gehört die Frucht noch dem Allgemeinen an.

Nichts gleicht der Heiterkeit eines sonnig frischen Herbsttages. Entzückend, bebend erregt ist ein Gang im Frühling über Feld und Berg, aber es liegt darin zugleich eine tiefe Unruhe, ein Werden und Werben in uns und um uns her und ein glückseliges Sichfinden in neuem Leben. Ganz anders eine Wanderung im hellen Herbsttag. Es ist wie gutes stilles Zusammensein mit alten Bekannten, wie ein fröhlicher still begnügter Tag in glücklicher Ehe. Und dieses Genießen der Früchte vom Baum, vom Weinstock, ist eine neue Lust, die der Frühling nicht hat, und bei der Heimkehr und stillen Einkehr am Abend giebt das Haus ein wohliges Behagen, während der Frühling das Haus unheimisch und den Geist in sich so unruhig macht.

Solch ein warmer Herbstmittag nach Nebel am Morgen, es sind zwei Tage in Einem, wie wenn der Tag noch einmal geschlafen hätte und jetzt wieder aufgewacht wäre.

———

Wer treu aushält bei der Natur, dem giebt sie immer wieder frische, sonnige, erquickende Tage.

———

Von allen Gerüchen ist mir der Wohlgeruch des frischen Hopfens im Herbste der liebste. Oder ist es nur, weil es in dieser Jahreszeit so wenig wohlriechende Pflanzen mehr giebt?

———

Der Herbstwind zerrt an dem Baumblatte hin und her, er bringt es nicht los; erst wenn der Zustrom des Saftes im Baume versiegt ist, reißt der Wind das Blatt los, oder auch der Sonnenstrahl mit seiner innewohnenden Bewegung löst es still ab.

Wenn der Frühnebel im Herbste sich verzogen hat, glitzert der Thau von allen Gräsern. Durchsiegende Klarheit verwandelt Leid und Verdüsterung in lebentränkenden Thau.

So lange der Apfelbaum Früchte trägt, schaut der Wanderer auf ihn. Welch ein Bild aber ist er am Tage, nachdem die Aepfel geschüttelt sind.

So lange der Baum in Blüthen steht, braucht er keine Stütze, wohl aber wenn er Früchte trägt.

Habe nie einen Bauern bei vieler und schwerer Arbeit zornig in der Ernte gesehen, aber leicht jähzornig, heftig und wild beim Pflügen, sowohl gegen die Zugthiere als gegen den Treiber. Säen ist leichter als Ernten, sagt Goethe, ja wohl, aber was dem Säen vorangeht, zumal das Pflügen, ist schwerer als Ernten.

Die Vögel, die zum Herbste nicht auswandern können, mausern sich daheim.

Die Traube wächst nicht als vereinzelte Frucht, sie ist fast wie eine Parallele zum Bienenschwarm, eine gesellige Erscheinung der vegetabilischen Welt, und diese inwohnende gesellig bindende Kraft ist im Traubensafte flüssig geworden.

Der Mensch gleicht dem Wein, er ist wie der Wein in beständiger Umwandlung bis zum Tode. Der Zwang entwickelt hier wie dort, denn dauert beim Weine die offene Gährung zu lange, dann wird er zu Essig; die Nachgährung muß eine gebundene sein.

In den offenen Most fliegen Pflanzenkeime, Pilze, die in der Luft unsichtbar und unfaßbar sind, das sind eben die geheimnißvollen Einwirkungen auf jede Organisation.

Alles am Weine läßt sich chemisch finden, nur die Blume, das Bouquet nicht.

Auf ein vergangenes stark andauerndes Frostjahr folgt bei den Waldbäumen in der Regel ein starkes Samenjahr.

Wenn der Fuß eines Berges mit Nebel verhüllt ist, erscheint dir der Berg viel höher, als er in Wirklichkeit ist. So auch wenn dir Grund und Basis eines Mißgeschicks oder einer Verdrossenheit noch unklar ist.

Auf der Höhe läßt sich das Rauschen des Waldes und des Baches nicht mehr von einander unterscheiden.

Man sieht eine Thalgegend ganz anders, wenn man beim Bergaufsteigen sich umwendet, als wenn man von oben herabkommt. Der beim Aufsteigen in die Nähe gebannte Blick erweitert sich plötzlich und sieht neu.

Die Waldbäume sind Krankheiten unterworfen, auch die wilden Thiere. Jedes Wesen für sich könnte sich gesund ausleben, aber es lebt kein Wesen in der Welt für sich.

Nur so lange ein Blatt wächst ist es noch grün, von dem Momente an, wo sein Wachsthum vollendet ist, beginnt es zu welken, allmählich, unkenntlich anfangs, aber sicher und immer deutlicher.

Am Baume legt sich jeder Zweig am Aste, jedes Blatt in besonderer Richte; jedes braucht Luft und Licht für sich in eigener Richtung, und Alle zusammen machen das schöne Gezweig und das volle Laub des Baumes aus und nähren sich von derselben Sonne oben und aus derselben Baumwurzel unten.

Sobald der Vogelsang zu Ende ist, geht das Elsterngeschnatter los, wie Geplauder nach Musik. Es klingt wie Spott, wie Parodie, trocken, dürr, klappernd.

Nicht alle hohen Bäume können stolz und hoch zu Masten und Flaggenstangen verwendet werden, die meisten müssen zu alltäglichem Nutzen verbrettert und verborgen deckend verarbeitet werden.

Der Rabe hat daheim im Neste ganz eigenthümlich behagliche hausväterliche Töne, nur draußen schreit er so häßlich.

Das Räthsel des Hängenbleibens der Blätter an den Bäumen findet vielleicht dadurch einige Erklärung: Ich habe beobachtet, daß an den äußersten Knospen der Aeste, an dem eigentlichen Jahresschoß, nie das Blatt überwintert, sondern nur an den noch schwachen Nebenschossen. Dort ist die Knospe immer stark genug zum Abstoßen des Welken.

Nicht nur Thiere in den Alpen, auch viele dort heimische Pflanzen bedürfen des Winterschlafes, wo ein bloßes Bestehen und kein Weitertreiben ist. Darum verkommen sie so leicht an anderen Standorten und in Treibhäusern, weil ihnen der Winterschlaf genommen ist.

In unserem aufgeregten und allzeit wachgehaltenen Gesellschaftsleben empfinden wir oft etwas wie eine Sehnsucht nach Winterschlaf, nach stillem bloßem Sein und Ruhen in sich, und Viele werden getödtet und aufgerieben, weil ihnen die vegetabilisch-animalische Ruhe genommen ist.

Wenn man einen großen Baum verpflanzt hat, grünt er ziemlich sicher das erste Jahr, er hat noch den Saft und dessen Bewegung mitgebracht. Entscheidend ist erst das zweite Jahr, ob er fortkommt und Saft aus seinem neuen Standort zieht. So auch Auswanderer.

Wenn man Wald-Erdbeeren einzeln pflückt, hat jede ihren besonderen Geschmack, süß, herb, duftig, zerflossen, je nach Standort und Gedeihen. Anders ist es, wenn man sie als Masse gesammelt und noch dazu mit fremdem Zuckerstoff genießt.

Es giebt nervöse Bäume, die in der Zugluft verkommen, und andere, die nur Wurzel schlagen, wenn der Wind sie hin und her zaust. Ist nicht auch ein Menschenleben eine solche Pflanze? Der umgebende Menschenkreis bildet sein Klima.

Die Edeltanne behält in hohes Alter hinein eine weiche Rinde. Es giebt auch Menschen so.

Hat Schneedruck eine junge Buche krumm gebeugt, so beugt ihn ein folgender noch weit mehr, der Zusammenhang der Wurzel mit dem Boden lockert sich, der Baum stirbt.

Eine schwere Sorge beugt deinen geraden Aufwuchs nur wenig, wiederholt sich eine solche aber oft, dann ist Gefahr des Verkommens.

———

Wenn der junge Vogel aufgescheucht, verfolgt wird, oder sich verfolgt glaubt, dann lernt er schnell fliegen. Aber flügge muß er sein, sonst geht er zu Grunde.

Zu früh in der Jugend Entbehrung und Elend knickt die Kraft, die bei einiger Reife gestärkt wird.

———

Wenn am Obstbaum die Blätter vor den Blüthen sich entwickeln, bringt er nur wenig Blüthen und folgeweise auch nur wenig Früchte.

———

Wein bauen und Kinder erziehen, ist sich gleich, man muß allezeit arbeiten und weiß nie sicher, was und wie man herbsten wird, und bei jedem geringen Herbst tröstet man sich: nächstes Jahr wird es besser.

Ein Bild über dem Bette des Kindes! Es läßt sich nicht sagen, wie der Blick beim ersten Augenaufschlag das erfaßte und wie das still in der Seele fortlebt. So wenig man aber nur reine Nahrungsstoffe ohne Zuthat geben kann, so wenig läßt sich auch Alles für den fruchtbar gedeihlichen Eindruck berechnen und anordnen.

Die Gartenarbeit besteht weit mehr im Ausjäten des Unkrauts als im Pflanzen des Nützlichen.
Das gilt auch pädagogisch.

Das Kind, das ein eigen Beet im Garten hat, will Alles, was es beim Feldgange findet, in sein Gärtchen pflanzen.
Erst später im Leben lernt man, daß nur Weniges sich verpflanzen läßt.

Kinder lassen sich nicht auf die Zukunft vertrösten, ihr Leben ist im Heute; das ist eben Kindheit und Jugend.

Man gewöhnt schon die Kinder an unnatürliche Höflichkeitsformen. Es ist durchaus natürlich bei einer Erzählung zu sagen: da war ich und der und der. Man kann sich ja selbst gar nicht hinausdenken, im Gegentheil, man steht anschauend, handelnd mitten drin, und Alles ist nur da, nur so da, weil man selbst dabei ist, und da befiehlt die Höflichkeitsformel: „Ich ist zuletzt zu erwähnen."

Jugendeindrücke sind das ewig Bestimmende in einem Menschen. Man könnte sagen, es bildet sich da ein geistiger Münzfuß aus, nach dem lebenslang gerechnet wird. Bei allen Ausgaben in fremden Landen übersetze ich mir noch Alles in die Kreuzer und Gulden meiner Heimath und Kindheit, und so wird es bleiben. Goethe wurde den Frankfurter und Schiller den Schwaben nie los, und ein so freier Geschichtsschreiber wie Schlosser bringt doch den Friesen und Theologen nicht aus sich heraus.

Wer den Pflug führt und die vorgespannten Ochsen mit Schreien und Zerren regiert, der kann keine zarte Stimme und sanfte Hand haben.

Das Traurigste und unersetzlichen Verlust bringende ist, wenn ein Mensch in früher Jugend, bevor er eine gewisse Reife erlangt hat, ein schweres Leid, einen Bruch in seiner Entwicklung erfährt. Es ist wie wenn durch ein Hagelwetter das Getreide umsinkt, bevor es geblüht hat; dann ist die Mißernte unausbleiblich.

Die Kinder, weil sie noch selber Natur sind, haben keine Freude an der Natur im Ganzen, kein Auge dafür; ein Baum, eine Pflanze, ein Vogel im Feld interessirt sie, und nichts ist unpassender, als sie auf das Allgemeine hinweisen.

Was die Beschaffenheit der Luft in der Natur draußen, ist die Stimmung im Gemüthe. Bei feuchter, nebliger Luft macht der Bahnzug schon von ferne und lange ein großes Geräusch und man hört auch sonst jedes Peitschenknallen auf der Straße, jeden Axthieb im Walde und Ruderschlag im Strome. Bei gespannter trockener Luft ist das ganz anders. So geht's auch mit der Gemüthsstimmung, je nachdem sie gespannt oder elastisch, berühren uns tausend Dinge, indem wir sie gewahr werden und zwar störend, die wir sonst gar nicht kennen.

Weiche Menschen sind leichter verstimmt. Oel gefriert leichter als Wasser.

Eine geballte oder sich bewegende Hand friert nicht so leicht, als eine lässig müßig hängende; das gilt auch symbolisch von der Thatkraft des Menschen.

Soll der Wein lebendig bleiben und nicht wie man am Rheine sagt „Knochen" werden, so muß immer nachgefüllt werden. So auch wer sein Wissen nicht mehrt und bewegt, dem stirbt es ab.

Bei niederem Wasserstande erschienen die aufbrausenden Wellen im Strome viel wilder und schäumender als bei hohem, weil bei hohem Wasserstande das Wasser über die Wellenwirbel wegfließt und nur unten, minder sichtbar, das Grollen des Widerstandes sich findet. — Wenn das Gemüth mächtig von großen Bewegungen erfüllt ist, sind die in der Tiefe ruhenden Conflikte mit den dauernden Bedingungen des Daseins minder sichtbar.

— 96 —

Der Strom rauscht fort mit mächtigem Wellengebrause Tag und Nacht durch alle Zeiten. An bestimmten Stellen zeigen sich schäumende Wirbel. Da ist ein Kampf mit dem felsigen Untergrund. Hefte deinen Blick auf dieses Einzelne und du findest, daß die schäumende Wellenbildung sich jede Sekunde anders formt. So auch zieht ein Strom des Geistes, ein Strom der Empfindung durch alle Zeiten, und wo der Conflikt gesetzt ist, bäumt und schäumt die Welle, aber sie bildet sich immer neu in neuen Denkerseelen, in neuen Dichterherzen. Es ist derselbe Strom, es ist dasselbe Getön, aber immer neu, immer anders.

———

Das Gefälle eines ruhig dahin fließenden Stromes kann man leicht messen durch das gewöhnliche Mittel, den Zeitlauf eines auf bestimmter Strecke von den Wellen fortbewegten Holzstückes zu berechnen. Einen durch zerklüfteten Felsengrund abschüssig dahin brausenden Strom kann man damit nicht messen, denn er wirft das Meßholz hin und her. So auch ist der Lauf eines einzelnen Menschenlebens wie einer Gesammtheit, der sich über zerklüfteten Untergrund fortbewegt, schwer zu bestimmen.

Betrachtet man die Strömung des Wassers lange und genau blos als solche und wendet dann das Auge nach dem Berg am Ufer, so erscheint der Berg als in der gleichen Strömung sich fortbewegend. Das zeigt nicht nur die Subjektivität des Sehens, ich möchte auch ein allgemeines Sinnbild darin erkennen. Unsere Sinne, unsere inneren Vorstellungen, lange mit ganz Bestimmtem beschäftigt, oder vielmehr von ganz Besonderem bestimmt, übertragen diese Vorstellungen auf alles Andere; die lange eingeprägten Bilder werden zur Substanz des Geistes, deren man sich nicht wieder entäußern kann.

―――――

Warum ist dir ein andauerndes Geräusch weniger störend wenn es von einem Strome als wenn es von einer Maschine kommt? Der Ton scheint gleich hart; aber es ist das Gefühl des Unabänderlichen was das eine mindert, und das Gefühl des Veränderlichen was das andere steigert; du bist keine Minute sicher, daß das jetzt aufhören kann, und das macht unruhig.

―――――

In seichten Strömen von geringem Gefälle kann der Wind so stark die Wellen entgegengesetzt treiben, daß er stärker ist, als die natürliche Strömung. Es geht auch bei flachen, schwächlichen Menschen so.

Dem am Wege Stehenden macht der vorbeisausende Bahnzug weit mehr Lärm und betäubendes Geräusch als dem in dem Zuge Sitzenden.

Menschen, die nicht still in sich, nicht allein im Walde sein können, das sind die echten Weltkinder, sie können nichts sein, ohne daß es Jemand sieht, davon weiß; der Hut à l'érémitage und die Einsamkeitsgefühle sollen doch auch gut kleiden.

Und doch liegt in dieser verkehrten Erscheinung ein natürlicher Zug. Der Mensch bedarf der Gemeinsamkeit, des Gegenüber. Adam hat kein Paradies mehr mit Eva, er ist nicht mehr allein, aber er ist menschlich.

Wer gut gebahnte Wege gehen will, darf nicht die Einsamkeit wollen; er muß sich's gefallen lassen, daß auch viele Andere hin- und hergehen und ihn oft störend in die Quere kommen.

An einem Regentage sind die Landpartieenmenschen wie verscheuchte Vögel, die in's Nest kriechen; der Gedanke, daß die Gestaltung des Daseins vom Wetter abhängt, giebt ein fröstelnd hilfloses Gefühl der Unbehaglichkeit, und es ist bezeichnend, daß statt Naturgenuß gleich Kartenspiel u. s. w. aufgenommen wird. Man hat sich hinausgegeben an etwas, und nun, da man da nicht aufgenommen wird, muß etwas Anderes herbei. Die Zeit, die man nicht recht leben kann, wird todtgeschlagen. Solch ein aussichtsloser Regentag beschwört auf einmal alle die Schatten kommender Tage herauf, und in der Natur empfindet man Frösteln und möchte sich, so zu sagen, im Umgang mit Menschen erwärmen. Es tritt eine Sehnsucht nach Menschengemeinschaft ein, die sich nicht bändigen läßt.

Die Mähmaschine wäre überaus vortrefflich. Es fehlt nur das einzige Kleine, daß der Wiesenboden nicht vollkommen eben ist und die Scheeren dadurch leicht in den Boden schneiden. Die großen allgemeinen Grundsätze und Prinzipien sind richtig, aber ihre Anwendung? Der Boden, aus dem die Halme erwachsen, ist nicht gleichmäßig geebnet.

—

Die Fahrten und das Geräusch der Eisenbahn stören die Stille und Einsamkeit des Landlebens nicht, weil sie regelmäßig sind und nur das Unregelmäßige, das eine Unordnung in sich ist, giebt auch die äußere. Dieses Rollen und Pfeifen ist nun nichts mehr als der Pendel- und Stundenschlag einer Uhr im Zimmer; man hört sie nicht mehr, und hört man sie, giebt sie erst neu das behagliche Gefühl der Stille.

Ein heftiger Gegenwind auf einer Ausfahrt, einem Ausgang, wirkt verstimmender auf eine Gesellschaft, als jede andere Unbill des Wetters. Der Wind macht Jedem mit sich allein zu thun, isolirt und schneidet jeden Gesprächszusammenhang ab. Diese ständige Opposition greift schon physisch die Nerven an.

Ein Wolkenbruch hat die Berghalden aufgerissen, sieh, da ist eine neue Quelle zu Tage gefördert, sie versickert noch ungefaßt. Es geht mit den Revolutionen auch so.

Die Ueberschwemmung hat an einigen Stellen die Wiesen versandet und den Rasengrund mitgenommen, an anderen hat sie tief getränkt und Alles ist saftig frisch.

Wie der Zufall die Steine in's Bett des Flusses geworfen, das giebt sein Rauschen und Plätschern. Die Kanäle haben solches nicht. Der logisch geordnete Lauf kennt nur das Gesetz des Falls, kein überflüssiges Rauschen.

Der Rabe ist besser als sein Ruf, am schlimmsten ist die Elster, die nur lachen kann, aber heimtückisch die Nester ausfrißt.

Wenn man manche Existenzen Einzelner und ganzer Familien betrachtet, begreift man nicht, wie sie fortkommen, viel weniger wie sie bei täglicher Fraglichkeit gedeihen, und doch steht's vor Augen. Sieh den Baum am jähen Bergeshang, du fassest es nicht, wie er sich hält und nicht stürzt, woher er Säfte nahm und zunimmt an Bestand und Wachsthum und — er hält sich doch in Sturm und Wetter, er saugt aus dürftigem Boden seinen Saft und schlägt um Felsen seine Wurzeln; er und der Fels, sie halten beide einander.

Wenn du einen Apfelbaum voll reicher Früchte siehst, sagst du leicht: wie schön muß der geblüht haben! So verfolgt man auch gern rückwärts den Entwicklungsgang eines bedeutenden Menschen.

—

Gartenblumen halten abgeschnitten und in Vasen lange aus, Waldblumen welken und verdorren schnell.

Das wilde Pferd hat von Natur Schritt und Gallopp, der Trab ist erst ein eingelerntes Kunstprodukt, und doch ist er jetzt seine zuträglichste Gangart. Es ist auch im Kulturleben überhaupt so.

———

Die in die Hauskultur gebrachte Henne gackert lange, wenn sie ein Ei legt, der Vogel im Walde macht keinen Lärm davon.

———

"Was erlebt man nicht Alles in seinen siebzig Jahren," hat die Mücke gesagt und ist eine Stunde alt geworden.

———

Die Spinne zerrt wie eine Verzweifelnde an den Fäden, die sie selbst gesponnen, sie will probiren, ob sie stark genug sind, daß die gefangene Mücke sie nicht zerreißt.

Wann käme der Vogel zu beharrlichem Brüten und wie wenig käme er zum Singen, wenn er sich durch sogenanntes schlechtes Wetter abhalten ließe. Sag' nicht, ich will warten bis schön Wetter, bis günstige Umstände kommen. Sing' und brüte heute!

———

Dieselbe Sonne, die die lebendige Frucht zeitigt, dörrt das abgemähte Gras.

———

Der wirkliche Kenner kennt die Giftpflanze bevor sie in Blüthe steht. So sollte es auch beim wirklichen Menschenkenner sein.

———

Unmittelbar vor und nach dem Gewitter sind die Grillen am lautesten.

So viel Blüthen ein Baum auch tragen muß, sie beugen seine Aeste nicht, erst wenn die Früchte zur Reife gedeihen sollen, krachen die Aeste und die Schwere der Früchte bricht die Aeste und oft den ganzen Baum, ehe die Frucht reif. Das gilt auch vom Leben der Menschen. Freilich auch geht der Mensch viel häufiger an vergifteten Blüthen als den zu vielen Früchten unter.

Die wilden Bäume bekommen nicht mehr Früchte als sie tragen können.

Müßiges sich Umthun hat das Thier nur, so lange es von den Eltern genährt wird. Die Bewegungen des ausgebildeten sind alle von Nützlichkeitsmotiven bestimmt. Der Schmetterling, der von Blume zu Blume flattert, thut das nicht so bloß sich amüsirend, wie die Stubenphantasie denkt. Als frei lebend und sich äußernd erscheint uns der Vogelsang, als die reine Lust und Daseinsfreude; aber auch er gehört in die Oekonomie des Vogellebens. Den Menschen allein zeichnet die Freiheit von der Arbeit aus, von der bloßen Bedürfnißbewegung. Die Einsetzung des Sabbaths und die Ausbildung der Kunst, das sind die beiden höchsten Thaten des freien Menschengeistes.

Es steht ein Birnbaum im Ackerfelde, verdorrt im hohen Sommer, ohne Frucht, ohne Blätter. Da sieht man erst, wie verkümmert und unschön er in Zweig und Ast ist. So ist ein Mensch, der inmitten einer großen Zeit- und Nationalbewegung abgestorben und öde lebt.

Wenn die untergehende Sonne ihre Strahlen durch den Staub sendet, der über der Straße steht, so erscheint der Staub als goldener Duft.

Wenn der erste Regentropfen auf ein Gräslein fällt, erzittert das Gräslein.

Bei den Aufmauerungen an den Wegbauten steckt man jetzt Moos in die Fugen. Wir zeigen der Natur ihren Weg, daß sie Halt gebe.

Aus frisch aufgerissenem Boden der Waldberge wächst gern zuerst der Fingerhut. Auch die Giftpflanze bildet Humus für Nachkommendes.

Die Hühner im Hofe, die nicht fliegen können, glucksen immer neidisch, wenn ganz unschuldige Tauben über sie wegfliegen.

Der Strom der Wellen zieht stets gleich, nur der Ton des Rauschens ändert sich je nach der Luftströmung.

Wenn eine Knospe aufbricht, sind auch viele andere da. Wenn ein Glück oder Unglück reif ist, sind es auch die anderen.

Die Ströme, die das ganze Jahr so wild schäumend fließen, sind nicht so gefährlich, wie die kleinen, stillen; wenn die Ueberschwemmung kommt, da kennt man die kleinen gar nicht mehr; sie brauchen unverhältnißmäßig mehr Platz gegen sonst.

Die jungen Bäumchen, die unter großen stehen, verkümmern, weil sie keinen Thau bekommen. Wenn's stark regnet, kriegen sie auch ihr Theil, vom täglich erfrischenden Thau aber nichts.

Rauhes und regendrohendes Wetter ist in der Stadt unfreundlich und unheimisch, auf dem Lande nicht; während man in der Stadt sich nicht entschließen kann, hinaus zu gehen, ist man auf dem Lande schon draußen, hascht jeden freien Sonnenblick wie der im freien Grunde wurzelnde Baum und weiß nicht viel von Unbill des Wetters.

Ist es schon an sich mißlich, mit großer Gesellschaft über Berg und Thal zu ziehen und sich des frischen Naturlebens zu freuen, da wo eigentlich Einsamkeit das Beste ist, so liegt das Störende meist noch darin, daß die Menschen nicht recht wissen, wie sie sich dem sogenannten Naturgenuß (ein entsetzliches aus dem Theekessel aufgedampftes Wort) gegenüber verhalten sollen. Sie sprechen von Dem und Jenem, von Der und Jener und rufen dann wieder: „Wie schön!" Entweder Analysiren oder ewiges Entzücken und dann wieder Verplaudern aller Umgebung. Im Freien sollte man nur still dahin wandern oder singen wie der Vogel singt.

In unserer gegenwärtigen Welt giebt es neben den höchst entwickelten Geschöpfen von morphologischer Gliederung und Arbeitstheilung der Organe noch ganz niedere Organisationen der früheren Erdperioden. Das ist auch in der Gesammtheit eines Volkes, sie besteht aus Menschen vieler Bildungsperioden und die absolute Gleichheit ist nicht da, wird vielleicht nie.

Es gehen viel geduldige Schafe in einen Stall. Die Schafe ducken zusammen, daß sie nur wenig feste Körper, geringen Raum einnehmen und halten einander warm, sind Heerdenthiere wie die Bienen. Ein vereinzeltes Schaf ist ein trauriges Thier.

Mit befreundeten, wohlwollend gestimmten Menschen gleiche Natureindrücke empfangen, das einigt mehr, giebt mehr Quellen der Erinnerung und echte Gemeinsamkeit, als alle gemeinsam empfangenen Kunsteindrücke, Erörterungen, ja selbst Lebensereignisse, wenn sie nicht gewaltig erschütternde sind. Es ist nicht nur weil wir gemeinsam an der Urquelle stehen, es ist hauptsächlich, weil im Empfangen der Natureindrücke nichts eigentlich gegeben ist; nichts wirkt auf uns, spielt uns, wir wirken in gemeinsamer Empfindungsthätigkeit und bleiben der Gemeinsamkeit inne.

Die Raubvögel leben nur paarweise, nie in großer Geselligkeit, außer wenn sie sich bei einer Beute zusammenfinden. Die Körnerfresser müssen jeden Tag ihre Nahrung haben, Raubvögel aber können lange hungern.

Auf dem Lande muß man gesund sein, sonst ist man doppelt vereinsamt, kann das Einzige nicht genießen, was hier stärkend und erfrischend ist, das freie Naturwalten. In der Stadt giebt es Geselligkeiten und Genüsse für Halbkranke, wie Speisen für verdorbene Magen.

Wenn die bequemeren, gleichmäßig steigenden Fahrwege angelegt werden, so werden die alten Fahrwege zu abkürzenden Fußwegen für den Einzelnen.

In unseren Tagen, wo eine Wanderlust, Unangesessenheit und Heimathlosigkeit in viele Menschen und Familien eingedrungen ist, wird oft ein großes Stück Leben gleichsam mit einem Unterstehen unter Dach während eines Gewitters verbracht. Man will nur die Unbill des Wetters einstweilen geschützt abwarten, und da thut sich oft ein seltsamer Einblick in das eigene Leben und in das Leben Anderer auf, wovon man in stetiger Festgesessenheit keine Ahnung hatte.

Man hat kaum eine Vorstellung davon, mit wie wenig und noch dazu unbehülflichen Gedanken solch ein Mann aus dem Volke wirthschaftet. Er hat auch im Geistigen nur Hacke, Schaufel, Sense und Pflug und Axt und reicht damit aus und bedarf nichts von complicirten Maschinerien, und das hat auch sein Gutes.

Eine neue Tracht im Volke erzeugen wollen durch Mustertrachten, das heißt gerade das verkehrte Princip anwenden. Durch den auf Fremdes gerichteten Nachahmungstrieb gehen die Volkstrachten unter. Die wechselnde Mode ist nothwendig. Der Mensch kleidet sich und ist nicht von Natur bekleidet wie das Thier, und so muß die Bedeckung wechseln, und wie die Kinder einen Zeitvertreib darin suchen, sich zu maskiren, so die Menschheit.

Es liegt ein Gesetz der volksthümlichen Sprache darin, daß sie weit mehr Substantive als die daraus gebildeten Adjektive und Adjektive überhaupt anwendet. Wenn ich dem Bauer sage: der Maulwurf ist nicht schädlich, versteht er mich nicht, wenn ich ihm aber sage: er thut keinen Schaden — dann weiß er, was ich meine.

Wir können uns ein Wesen nicht vorstellen, das die Himmelskörper geordnet hätte; das geht über jede Vorstellungslinie. Aber uns denken, daß Alles blos in materieller Kraft sich drehe und sich selbst nicht kenne, sich selbst nicht denke im großen Ganzen, das ist eben so unfaßlich.

Das aufgelöste Silber geht sehr leicht alle Verbindungen ein, es hält aber keine recht fest und bewahrt selber seine Natur nicht. Das ist auf der Hand symbolisch.

Die Spitze des Tannenbaums, die den Stamm fortsetzt, wächst nicht so schnell wie die Nebenzweige, aber sie bildet die immer höher ragende Marksäule des Ganzen.

Die Abkühlung geht, wie mir scheint, viel schneller vor sich als die Erwärmung; am Abend ist's schneller kühl als am Morgen wieder warm, die Nacht bricht rascher herein als der Morgen aufbricht, es wird schneller Herbst und Winter, als es Frühling wird, eine Freundschaftsbeziehung ist schneller abgebrochen, als geknüpft.

Die Kruste von einer Wunde fällt von selbst ab, wenn die Haut darunter fest und stark genug ist.

―――

Die Blinden schlafen schlecht, ihnen fehlt die Ermüdung durch die Augen, das Sehen ist die eigentlich stärkste, die ständigste Thätigkeit.

―――

Es giebt geborene subalterne Naturen, wie es Pferde giebt, die nicht einspännig ziehen, aber neben dem Sattelgaul, von ihm in Schritt und Trab gehalten, ganz gut sind.

―――

Zu dem Häßlichsten gehört ein alter gefräßiger Mensch, den man höflicher einen Gourmand nennt; diese Gier, dieses ewige Haschen, Reden und Denken von Genuß, ist beim Alter um so widerlicher, weil eben hier die stille Mäßigung um so nothwendiger erscheint.

―――

Der Sanftmuth gegenüber kann es keine stürmische Heftigkeit geben. Wenn der Mond mit seinem sanften Lichte am Himmel steht, kann kein Gewitter mehr ausbrechen, und alle dunkeln Wolken zertheilen sich.

―――

Wenn ein Streit schon lange vorbei und geschlichtet ist, giebt es oft bei leisem Widerspruch, ja sogar bei freundlicher Zustimmung wieder Neuerweckungen, wie es nach längst vorübergezogenem Regengewitter plötzlich wieder unter den Bäumen tropft, wenn nur ein leiser Wind durch die Zweige fährt oder auch ein freundlicher Sonnenstrahl durchbricht.

Das Farrenkraut hat schon mit den Urwelt-Thieren gelebt. Kann ihm auch deshalb das Ungeziefer der neuen Welt nichts anhaben? Der alte Aberglaube, der mit dem Farrenkraut allerlei Zauber trieb, beruht er vielleicht auf der Ahnung, daß diese Pflanze grünte, bevor ein Menschenauge darauf ruhte?

Beruf ist ein Naturzug oder eine Nothwendigkeit, die wir zum freien Gesetz machen; das Thier hat keinen Beruf, weil es nur Natur ist.

Jeder einzelne Gedanke, jede einzelne That ist aus einem Zusammenstrom von Gründen entstanden, die in verwitterten elementarischen Stoffen ruhen. Der im Lichte erscheinende Grashalm ist einer, seine Wurzeln aber sind viele.

Verstandesmäßig trennen wir Ursache und Wirkung, sie sind aber in Wahrheit eins, nur die beiden Seiten derselben Substanz. Blitz und Donner sind einheitliche, gleichzeitige Bewegungen, nur die Wahrnehmung in Gehör und Gesicht succedirt nach unserer Sinnenfassung.

In der Natur giebt es keinen Schmutz, da ist jedes Ding für sich in seinem Rechte, der Sumpf und der Wurm so gut wie das Gras und der Vogel, Alles ist für sich da. Nur weil wir Menschen meinen, daß Alles in Rücksicht auf uns da sei, erscheinen uns die Dinge als berechtigt und unberechtigt.

Bei starkem Windeswehen schweigen die Vögel alle, sonst kein anderes Wetter hindert sie am Singen. Wenn ein Sturmwind durch die Menschengeschichte braust, verstummt die dichterische Kundgebung von Leid und Lust des Einzellebens.

Vom Staat.

Die Seele bildet sich den Leib, das möchte ich besonders auf die großen Geschichtsbildungen anwenden. Schattenhaft wandelt ein Geist durch die Zeit und ist er aus der Wahrheit, so findet er seine Heimstätte. Die Volksseele bildet ihren Leib, den Staat.

Man kann kein festgefugtes Product der Dichtung zeitlos und ortlos gestalten und ebenso auch keine Staatsverfassung. Die Theorieen der Aesthetik sind den künstlerischen, die der Politik den geschichtlichen Hervorbringungen entnommen. Man kann aus ihnen folgerichtige Forderungen aufstellen; aber in keinem Kunstwerke ist das absolute System der Aesthetik und in keinem Staate das absolute System der Politik verwirklicht.

Zweck des politischen Lebens ist Sicherung der Freiheit jedes Einzelnen durch die Macht des Gesetzes. Das ist Grund und Boden für das schöne Menschenleben, nicht seine Frucht. Ist aber Verwirklichung einer sittlichen Idee der höhere Zweck der Menschengemeinschaft, so fallen die Institute und Bedingungen derselben in den Bereich des Staates.

Ist das öffentliche allgemeine Staatsleben verdorben, so kann der Einzelne noch rechtschaffen sein, ist aber das öffentliche Staatsleben rechtschaffen, so muß der Einzelne rechtschaffen werden.

Die Socialdemokratie will den Staat als Mittel, um die Wohlfahrt des Einzelnen zu gründen. Aber so wenig der Staat die Kunst hervorbringen kann, so wenig kann er das Kunstwerk des individuellen Lebens und die Wohlfahrt des Einzelnen schaffen. Der Staat kann nur die Gewähr der Sicherheit feststellen, daß jenes wie diese sich frei und voll im Wettbewerbe ausbilde.

Man muß auch in der großen Geschichte nicht verzweifeln. Es giebt trotz schlechten Wetters doch stets eine Ernte.

———

Wir sind alles gesund natürlichen politischen Lebens so entwöhnt, daß eine einfache Bürgerpflicht, eine Unterschrift in öffentlichen Angelegenheiten uns beunruhigt, wenn wir auch die zur Anwendung kommenden Principien hundertmal privatim und nachdrücklich besprochen und vertheidigt haben.

———

Wie heimgekehrte Deserteure fühlen sich Manche seitdem wir einen Staat bilden. Wir waren desertirt aus der schlechten Wirklichkeit in die Kunst, die Wissenschaft, wir waren kosmopolitische Flüchtlinge, jetzt müssen wir nachexerziren; das ist hart und es will scheinen als ob uns diese Dienstzeit des höheren Lebens verlustig machte. Es ist aber nicht so. Aus der traumverscheuchenden strammen Gewecktheit wird neue Schönheit erwachsen.

———

Wir sind entsetzliche Privatmenschen geworden. Die grundmäßige Selbstachtung, die Einheit von Sittlichkeit und Freiheit hat sich erst fest zu setzen, indem die Einheit von Ueberzeugung und Gesetz gebildet wird.

Wenn man Hunderte von Singvögeln scheinbar frei umherfliegend in einen großen Käfig mit eingesetzten Bäumchen sperrt, verlernen sie alle ihren vollen Waldschlag, sie zwitschern und piepsen nur, bald höher, bald tiefer je nach ihrer Kehlbildung, aber es ist kein Gesang. Man kann sagen, die Vögel fürchten oder scheuen und schämen sich vor einander. Aehnlich geht es in großer Gesellschaft; man spricht einander nicht, man sieht und grüßt sich nur in allgemeinen Formeln, zu einem ordentlichen Sprechen zur eigentlichen Darlegung seiner Gesinnung, seines Naturells ist nicht Zeit und Raum, und das kann in der Gesellschaft auch nicht sein. Darum ist die parlamentarische Gebundenheit ein so großes Ergebniß der Kultur, in der jeder bald Hörer, bald Sprecher ist, und an einem gegebenen bestimmten Thema seine eigene Weise und Tonart kundgiebt.

Wenn man lange eine Uhr bei sich trug, die entweder vor oder nach ging, jedenfalls nicht gleichmäßig mit der öffentlichen Kirchen-, Rathhaus- oder Akademie-Uhr, und man stellt endlich seine Uhr richtig, so kann man's lange noch immer nicht glauben, daß man mit der Welt im Gleichmaß ist, man will zu- oder abrechnen.

Politische Parteien gedenken einander nicht das Gute, aber das Böse.

Ich meine, die seltsame Geschichte in der Bibel, wie der Erzvater Abraham mit Gott feilscht wegen Sodom, ist so zu verstehen: Wenn in einem Gemeinwesen nicht wenigstens einige Männer sind — sei das Gemeinwesen ein bürgerlich praktisches oder ein ideales — die es mit demselben treu und wahrhaftig meinen, so ist sein Bestand unmöglich. Unsere drei großen Kirchen (Judenthum, Katholicismus und Protestantismus) müssen in unserer, von gewissen Erkenntnissen durchsetzten Gesellschaft doch noch Solche haben, die an ihren Glauben glauben, sonst beständen die Kirchen nicht.

Die Freiheiten verhalten sich zur Freiheit wie die Liebschaften zur Liebe. Aber die Liebe als Erzeugniß des Gemüths ist ganz erreichbar, die Freiheit als Ergebniß stets nur zeitweilig bestehender Gesittungsfactoren, kann immer nur eine Seite ihres Wesens entfalten.

Ist eine staatliche und nationale Restitution möglich? Die jüdische Emigration war in Babylon. Tiefes Heimweh und ein Ideal dessen, was man in der Heimath wäre, prägte sich in den Gemüthern der Dichter und Propheten aus. Es kam die erste Immigration, sie brachte 70 Jahre nichts zu Stande, und nur die kleinen Leute waren in die Heimath zurückgekehrt, von den Zurückbleibenden gepriesen und ideell beneidet.

Dann kam der zweite Schub unter dem Schriftsteller Esra und seinen Genossen. Die Besitzenden zogen mit. Endlich unter dem Hofmundschenk Nehemia die dritte Immigration, die die Sache fester in die Hand nahm. Aber die natürlichen Parteien zeigten sich: die Alten, die Alles wieder wie vordem hinstellen wollten und keine Neubildung der Geschichte anerkannten, die Freien, die sich mit der zeitgenössischen Bildung einen wollten, und dann die absolut Nationalen. Zuletzt noch die Wahrnehmung, daß das Ideal des Nationalstaates verloren; denn es herrschten fremde Satrapen im Lande. So wurde dann Alexander begrüßt wie Napoleon in unserer Zeit von Allen, die von ihm die Heilung der Gebresten hofften, und nach seinem Tod, nach Theilung seines Reiches ging Alles aus einander. Eine vollkommene Restauration ist unmöglich in der Geschichte; denn sie hat zwei widerstrebende Principien in sich: das Recht der Geschichte, der Vergangenheit, und will dies doch mit lebendigen Menschen der Gegenwart ausführen, die bei aller historischen Begeisterung doch nothwendig eine neue Constituirung nach dem heutigen Geiste heischen müssen.

Das stellt sich dann als Unversöhnlichkeit der Parteien heraus. Wir würden, falls es versucht würde, an den Polen ganz Aehnliches erleben. Die damalige Emigration in Babylon und die Emigration in Paris hatte ideell wahre Sehnsucht, aber heimgekehrt, treten die Differenzen zwischen Sehnsucht und Wirklichkeit und die Differenz der widerstreitenden Empfindungen der Parteien nothwendig ein.

Die Altgesessenen wünschen bei neuen Einrichtungen des allgemeinen Lebens nicht beunruhigt zu werden. Aber man kann nicht ein neues Stockwerk aufs Haus setzen und den Unterwohnenden Lärm und Staub ersparen.

Der Bauer flickt seine Jacke lieber fort und fort mit Flicken, ehe er sich eine neue machen läßt. Die Façon der alten Jacke ist bezahlt. Und so geht es ihm auch mit vielem Anderen. Man nennt das conservativ.

———

Es geht ganzen Nationen, wie schwächlich-sanguinischen Menschen. Wenn sie im Unglück in Zuständen, die eigentlich ihrer unwürdig sind, werden sie noch unwürdiger.

———

Wir wundern uns oft, daß die Bürger im Mittelalter in den schönsten Gegenden sich eng zusammenbauten, wenig von Naturgenuß und schöner Aussicht wollend. Wenn man im Winter auf dem Lande lebt, lernt man das verstehen und rechtfertigen; das Windeswehen in den frei gestellten Häusern, diese Beschwerniß der Heimkehr und des Menschenverkehrs überhaupt; — nur wenn die Häuser nahe zusammengestellt sind, scheint es warm und ist es warm. Und vor Allem in vergangenen Zeiten hatte man nicht Sommerkleider und Sommerwohnung. Man wohnte da für's ganze Jahr, und der Winter ist die Hauptwohnzeit.

———

Die politische Klugheit ist wie der Straßenbau. Du kannst bei Anlegung der Straße nicht geraden Wegs um den Berg, du mußt am Berge zickzack vor- und rückwärts mit mäßiger Steigung.

Die Menschen mit der Liebe zu den romantischen Volkstrachten vergessen, daß auch die Häuser zur Volkstracht gehören und auch diese anders geworden sind und werden müssen. Man kann jetzt keine Häuser mehr aus lauter Holzstämmen bauen; was früher das Billigste war, ist jetzt theuer.

Sobald Fabriken sind und bestehen müssen, hört die Volkstracht auf. Baumwolle und Kartoffel sind eingeführt und Bedürfniß geworden.

Die Volksverachtung ist der Schlüssel zu Tyrannendienst und selbstgefälligem Egoismus.

Noch jeder Abtrünnige von der Sache der Freiheit hat sein Thun mit Volksverachtung beschönigt.

Es erscheint als Hochmuth, sich nicht an dem politischen Leben seines Volkes und seiner Zeit zu betheiligen; näher besehen ist es aber nur Kleinmuth.

———

Die Fürsten, die Genie's, machen das Gold nicht, — die Gedanken, die führenden Ideen — aber sie prägen das Gold und bestimmen seinen Umlauf im Weltverkehr.

———

„Ich bin es müde über Sklaven zu herrschen!" soll Friedrich der Große am Ende seiner Tage ausgerufen haben. Er konnte mit dem Wort „Sklave" nur die Menschen meinen, die Unterthanen der Tradition sind und sich nicht zu Neubildungen stimmen lassen.

———

„Wenn Goethe, wenn Friedrich II. heute oder da und da lebte!" Das ist eine der nichtssagenden Phrasen. Goethe hätte zur Zeit des Gaslichtes anders erfunden und gebildet, Friedrich zur Zeit der gezogenen Kanonen und Telegraphen anders organisirt. Jeder Mensch wird auch durch seine Zeit organisirt und könnte nie zu einer andern Zeit derselbe sein.

———

In unserem Jahrhundert der Eisenbahnen ist die Zeit auch in der Völkergeschichte im Preise und Werthe gestiegen.

Du bist auf einem Bahnzug, er hält still. Alles ist ruhig, regungslos. Das Signal erschallt, da geht es wie ein ächzendes sich Zusammennehmen durch die Riesenglieder des langen Körpers. Die schlaffen Hebeketten werden angezogen, die Räder fangen an zu rollen. Bald ist jene erste mühselige Hebung vorbei, glatt und taktmäßig geht es dahin.

Ganz ähnlich ist es auch bei großen Geschichtswendungen, wenn es nach Stillstand wieder zur Bewegung anhebt.

Bei Völkern und in Städten, wo der Strom des Lebens so laut und lärmend ist, gewöhnt man sich leicht an's Schreien, an den Reklamen-Ton, um gehört zu werden.

Die gemeinen Tagjäger auf der Börse sind wieder ganz wie die Wilden. Cultur unterscheidet sich von der Wildheit dadurch, daß man dort arbeitet, vorbereitet, erntet; der Wilde sucht nur das Gewachsene, Gewordene ohne sein Zuthun, eine Frucht oder ein Thier; findet er nichts, so hungert er. Aehnlich der Tagjäger auf der Börse. Wo die Arbeit nicht ist, beginnt die Wildheit oder ist immer gewesen.

Die Uniform hält straff und aufrecht, macht jung, nöthigt zum Zusammenhalt. Militärs, die ihren Abschied nehmen, sinken plötzlich zusammen, werden alt, bequem, gebrechlich.

Die Statistik sollte für die Bewegung der Erdkräfte, der Menschenthätigkeit und Hervorbringung das werden können, was die Astronomie für die Bewegung der Himmelskörper. Aber die Thatsachen des Lebens sind immer von Momenten begleitet, die sich mathematisch nicht figiren lassen.

Die griechischen Tempel, die Dome, die Eisenbahnen sind von Männern gebaut, nicht von Frauen.

————

Der Assessor verzinst sich zu 2 Procent, wenn man die Kosten seiner Aufzucht zusammenstellt, bis ein Erträgniß herauskommt. Seltsames und erschreckendes Wort! Aber es giebt eine Anschauungsweise, die die Welt von dieser Seite nehmen muß, und sie ist eine kosmisch objektive aus jener Betrachtungsweise, die nach Spinoza's Vorgang die Menschen und ihre Affekte betrachtet, als ob von Zahlen und Linien die Rede wäre. Das scheint ungemüthlich, herzlos, scheint es aber nur; denn das Leben ist nicht nur ein Leben des Gemüths, und wer ein Pflanzensystem, die Vogelwelt zu ordnen und zu gestalten hat, kann sich nicht beim Duft der Blumen, beim Gesang der Vögel aufhalten; er läugnet und vernichtet sie mit Aufstellung seines Systems keineswegs, sie sind nur jetzt nicht Gegenstand seiner Betrachtung und können es nicht sein.

Jedesmal nach Regen und Gewitter arbeitet der Bauer emsig in seiner Wiese, um den von den Bergen herabgeschwemmten Schutt und das Geröll hinwegzuräumen und den Weg wieder zu ordnen. Er kann sich nicht dazu entschließen, dem wilden Wasser ein Bett zu graben, das ihm den rechten Weg giebt. In ruhigen Zeiten scheint das ja nicht nöthig und der leere Graben unnütz. Es geht auch vielen Staatsweisen so.

Auf dem Baum, in dessen Schatten der Wegknecht die Steine zerschellt, schmettert der Fink lustig in den Frühlingshimmel hinein. Der Steinklopfer achtet nicht auf den Vogelsang. Und das mag gut sein; sonst würde er ihn vermissen, wenn er verstummt ist, und würde nicht so geduldig in Hitze und Kälte seine Arbeit vollführen.

Wenn der Bauer beginnt den blauen Kittel zu tragen, beginnt sein Verfall. Zuerst trägt er ihn zur Schonung der guten, später zur Verdeckung der schlechten Kleider.

Das Wort: „dem Glücklichen schlägt keine Stunde" gilt nicht blos von Liebenden, sondern noch mehr von Unabhängigen, Amtlosen. Der Fabrikarbeiter erscheint gebundener, unfreier als der Bauernknecht, weil er streng an die Stunde gebunden und ihm nicht wie dem Bauernknecht freie Bewegung in der Zeit und im Raume gegeben ist.

Im Fabrikarbeiter, — oder wie man heute kurzweg sagt, im Arbeiter — ist die Phantasie weit thätiger, als die Vernunft. Man kann tagelang am Schraubstock, an der Hobelbank Allerlei sich ausphantasiren, aber sehr schwer klare, ruhige Gedanken bilden, den Geist schärfen. Daher kommt es auch, daß die Demagogen so leicht die Arbeitermasse mit Vorspiegelungen erhitzen und aufhetzen können, die die bereits erregte und leicht bewegte Phantasie mit utopischen Vorstellungen auf ein Jenseits der jetzigen Zustände und natürlich auf ein paradiesisches hinlenken.

Schwer aber ist, in klarem Denken deutlich zu machen, daß es kein ökonomisches Jenseits giebt, kein plötzliches Versetztwerden in einen andern Zustand, sondern nur stille allmälige Gestaltung besserer Verhältnisse in treuer Ausdauer und Umsicht.

Jeder Kämpfende ist eine Kraft für sich, aber erst die Fahne des gemeinsamen Gedankens macht die tausend Leben zu einem einzigen, und die siegreiche Fahne ist die Liebe zum Führer.

———

Wie aus der Zelle sich der Organismus bildet, so auch im großen Ganzen des Staats- und Gesellschaftslebens. Bilde zuerst die Zelle aus, den kleinen bemessenen Kreis, dann bilden sich andere dran fest und Alles wird zum lebendigen Ganzen.

———

Tausende singen ein Schlachtlied, nur Einer hat es gesetzt, die Tausende singen es aus ihrem Fühlen und singen sich das Fühlen des Dichters in die Seele.

———

Das Volksleben gleicht dem gesunden Walde, es können viel Waldfrevler darin wirthschaften, da und dort stehlen; den Wald verderben können sie nicht, da ist Alles derb und nicht so leicht verletzlich.

———

Nichts ist gefährlicher, als in das Volk das dialektisch Brüchige, die verklausulirten Halbwahrheiten zu bringen. „Wenn" und „Aber" anhängen, eröffnet der Sophistik diesseits und jenseits Thür und Thor, Alles wird haltlos. Es muß Alles so gesagt und gehalten werden können, daß es sich gleichsam mit den vier Species rechnen läßt.

Es ist ein schlimmes Unterfangen, glücklicher Weise aber gelingt es nicht, den Wald des Volksgemüths ganz abzuholzen. Gelänge es, würden Gewitter und Schneerutschen allen Humus abflößen und nur nacktes Geröll übrig lassen.

Es ist nicht Abfall von der demokratischen Anschauung oder Verzweiflung an derselben, wenn wir uns zu der Wahrnehmung bekennen, daß nicht der Massengeist als solcher die geschichtlichen Wendungen bewirkt, sondern daß diese von großartigen Persönlichkeiten bewirkt werden. Die Personwerdung des Gemeingeistes ist nur ein Zusammenschluß der elementarisch umschwebenden Kräfte.

Das Selbstgefühl stammt aus Zeit- und Volksgefühl und bildet wieder dasselbe. Das Gesammtleben des Volkes erzeugt die Luft, in welcher einzelne reine begabte Geister gedeihen und die in dieser Luft liegende Aenderungsnothwendigkeit erkennen, formuliren und aussprechen. Diese sind selten auch diejenigen, die solche Aenderung selber vollziehen. Die Vollstrecker sind meist rücksichtslose, thatkräftige, ja sogar gewaltthätige Menschen.

———

Der Schulzwang oder besser die allgemeine Schulpflicht ist das Neue, das unser modernes Leben vor aller geschichtlichen Vergangenheit auszeichnet. Durch die allgemeine Schulpflicht wird der Staat zum Culturstaat und es ist unstatthaft, den Staat fernerhin als profan zu bezeichnen; denn er hat die Aufgabe, ein elementares Maß von Erkenntniß zu setzen, die die grundlegende Einheitlichkeit der nationalen Bildung ausmacht. Nothwendige Folge der Schulpflicht ist die Unentgeltlichkeit des allgemeinen Schulunterrichts, der ein Wissen zum Lebenselement gestaltet. Und die weitere Folge ist, da der Staat Culturträger, Befreiung der Schule von der beschränkenden Herrschaft der Cultusbesonderheiten.

———

Das Herz für das Volk! Es steht in Gefahr verkehrt, verbittert zu werden. Wir haben redlich gearbeitet, den Begriffsvorrath der gebildeten Welt hinauszutragen in die großen Massen. Und nun hat es den Anschein, als ob diese Bildung sich gegen allen Bestand der Sittlichkeit und Cultur wende. Noch vor wenigen Jahrzehnten war es Aufgabe des öffentlichen Worts, in jeder Weise darzuthun, wie auch im Ungebildeten und Besitzlosen die höheren Antriebe der reinen Psyche walten, die die Gleichheit der Menschen bedingen. Nun ist es fast so weit gekommen, daß man zu beweisen hätte, wie auch Gebildete und Besitzende von den sittlichen Mächten geleitet sind. Die gewissenlose Verführung will mit Brandreden einen verwüstenden Classenhaß anfachen, alles Rechts- und Pflichtgefühl zerstören und nur die Leidenschaft anrufen. Da will Verdrossenheit, Mißmuth, Verachtung die Seele des Menschenfreundes verbittern und bestimmt, die große Masse ihrem Schicksale, den Verführern und Schmeichlern zu überlassen. So wenig aber Undank eines Einzelnen, so wenig auch darf die Verkehrtheit großer Massen dir dein thätiges Wohlwollen rauben. Der wilde Aufschuß der in die weitesten Kreise eingedrungenen Bildungsstoffe wird sich, freilich nach bitteren und harten Erfahrungen auf beiden Seiten, geregelt fruchtbar organisiren.

Wissenschaft, Wehrkraft, Wahlrecht, das sind die drei Grundpfeiler des modernen freien Staates. Der Mensch, der sein inneres und persönliches Leben frei ordnet, der Mann, der die Gesammtheit schützt und vertheidigt und an der Feststellung der Gesetze, denen er unterworfen ist, Theil nimmt, bildet sich aus ihnen.

Wer irgend etwas schafft, bildet und gestaltet, erkennt dessen Unzulänglichkeit; das Gewordene ist weit hinter der innerlich gefaßten Idee zurückgeblieben. Nur vom unendlichen Geiste kann es dem Geschaffenen gegenüber heißen: Und er sah, daß es gut war.

„Der Dichtung Schleier aus der Hand der Wahrheit" heißt es in Goethe's Zueignung. Hier ist der Zusammenschluß der Erkenntnißformen und Momente dessen gegeben, was man realistische Dichtung nennt. Wunderbar ist es, daß sich mit jenen Worten für Goethe auch bereits der Titel seiner Lebensgeschichte ergab.

Warum in der Kunst mehr Ernstes, Trauriges, als Heiteres, Lustiges ist? Die Freude ist ein Moment, kurz; der Schmerz lang und vielfältig. Die Freude ist Erfüllung, der Schmerz ist Verlangen.

Selbst in der Production der Kunst liegt das oft verhüllte, aber doch tiefbewegte schmerzhafte Verlangen nach reinem Ausgleich des Daseins.

Die dichterische Ausführung und Offenlegung der im Innern ruhenden Empfindung gleicht der im Lichte sich ausbreitenden Krone des Baumes, der die parallelen Auszweigungen hat zu der im Grunde ruhenden Wurzel.

In der Wahrnehmung des wirklichen Lebens sind alle oder doch mehrere Sinne affizirt. Die Aufnahme in die Kunst löst die Thatsache für einen einzelnen Sinn ab und giebt in diesem einzelnen die Verstärkung seiner Kraft. Schon hierin liegt die Idealisirung.

Nur das ist lebend, was in ebenmäßiger Vertheilung des Gewichtes sich selber trägt. Das gilt nicht nur vom Naturwesen, sondern auch vom in sich beschlossenen Kunstwerke.

Das Ewige in der Kunst ist mit Zeitlichem legirt. Was kann es scheinbar Zeitloseres geben als die Musik, und welches Thema ständiger als die Jahreszeiten? Und doch steht in der Composition Haydn's die zeitliche Fassung ähnlich wie in Lessings Nathan der Weise klar zu Tage.

Das Werk Haydn's ist aus der idyllischen Stimmung, das Lessings aus der polemischen und humanistischen hervorgegangen. Keiner andern Zeit, vor Allem aber der gegenwärtigen nicht, wäre solches möglich.

Bei dieser Legirung mit dem Zeitlichen beharrt aber auch das Ewige.

Was in der Wirklichkeit der Natur einander feindlich und ausschließend ist, wird in der Kunst zur Harmonie wie Licht und Schatten, und der echte Künstler muß es verstehen, noch die Transparenz der Erscheinung in den Schattenpartieen aufzuzeigen.

In der Natur ist scheinbar jedes Ding für sich da, und doch ist es nur durch ein Anderes und für ein Anderes, von Fremdem bestimmt und Fremdes bestimmend, so auch muß es in der Kunst sein (in der figurenreichen). Wo in einem gegliederten Kunstwerke etwas für sich allein gelten will, oder auch abgelöst werden kann von Einwirkung des Anderen und auf Andere, da wird es auch an sich überflüssig und ungehörig erscheinen.

Es giebt in der Dichtkunst Hochpunkte, die auf der Schwelle des Daseins liegen, da, wo dies in die Unendlichkeit übergeht, die sich gar nicht mehr im artikulirten Laut, auch ja nicht im Naturlaut ausdrücken lassen; Action ist da Alles, und hier ist auch der Punkt, wo die Musik eingreift. Die Dichtkunst hat nur die Momente vor und nach jenen höchsten Momenten, die Musik, weil ganz vom Leben entfernt und keinen Parallelanspruch machend, kann da herein und ist da erst recht heimisch.

Der Kuß der Liebe, der erste Blick der Mutter auf das Kind, der letzte Athem, es ist Alles stumm und Moment, die Kunst giebt ihm Wort, die Musik noch mehr in vielfältigem unfaßbarem Tone, und der Moment weitet sich aus und ragt in die Unendlichkeit.

Die Musik kann in Ausrufung eines Eigennamens — wie Pylades in Gluck's Iphigenie, Leonore und Florestan im Fidelio — eine gedrängte Fülle gleichzeitiger Empfindungen legen, die das Wort nur schwer und nach einander und eben dadurch zertheilt ausdrücken könnte.

Das Beste und Bleibende in jedem Kunstwerke, dem gemalten, gemeißelten und geschriebenen ist das, daß die Liebe des Künstlers zu seinen Gestaltungen uns daraus anmuthe. Die fleißigste, sauberste Ausführung ohne Liebe bleibt hohl und äußerlich, mechanisch gemacht, nicht organisch geschaffen. Die kalte nüchterne Objectivität, die verlangt wird, darf nur ein Moment im Prozesse der Production sein; die Composition kann und soll mit kalter, wenn man will, mathematischer Betrachtung gestellt und gruppirt sein, dann aber muß die Liebe zu jeder Einzelgestaltung wieder den Bildner durchdringen und aus ihr das ganze Kunstwerk. Das allein giebt Seele, mit allem anderen kann man Geist geben, gerundete Technik erlangen, aber das eigentlich Seelenathmende fehlt. Diese Liebe des Schaffenden ist nicht wortreicher Enthusiasmus, es ist das stille glückselige Genügen, das Entzücken vor sich selbst.

Den abstracten Gedanken aus dem Kunstwerk destilliren, heißt Branntwein aus Korn und Rosenöl aus Rosen machen.

Für den Geschmacksſinn ist nur das vorhanden, was gelöst oder löslich ist, und so ist die Kunst die Flüssigmachung des starr Thatsächlichen.

—

Der echte Philoſoph will nichts Zeitliches, nichts Persönliches; er will nur die ewige Idee. Das Leben der Menſchen, ihre Tugend und ihr Laster, ihr Glück und Unglück, ja sogar sein eigenes Leben in Fähigkeit und Schickſal ist ihm reiner intereſseloſer Gegenstand der Ideenerkenntniß. Aehnlich der Muſiker, der die reinen, typiſchen Empfindungen zum Ausdruck bringt.
Anders aber der Dichter, der Idee und Empfindung nur in den zeitlichen und persönlichen Erscheinungen zur Darstellung bringen kann.

—

Das Genie bewahrt die Naivität, es sieht die Welt stets mit dem Auge eines Kindes und zugleich mit der Erkenntnißreife eines Mannes.

———

Das verborgenste Geheimniß der Psychologie ist die poetische Production. Die Momente des freien Willens und der Nothwendigkeit fließen da so ununterscheidbar durcheinander, daß jede Abtrennung, wie sie die Psychologie haben muß, immer nur die Hälfte giebt.

———

Demuth ist eine moralische, aber keine dichterische Kraft.

———

Alles dichterische Schaffen beruht auf Selbstvertrauen, Selbstgefühl; die Grenze, wo dies zum klaren Selbstbewußtsein wird, ist fein, und ist sie überschritten, so wird kahles Reflektiren daraus.

Demuth kann nicht Motiv zum dichterischen Ausdruck ihrer Empfindung werden. Der religiöse Dichter, der die Demuth zum Ausdruck bringt, entfernt sich von derselben, indem er tiefinnerlich von dem Selbstgefühl geleitet ist, daß in seiner Kundgebung eine Besonderheit liege, die ihn zu neuer Formgebung berechtige.

Mir sagte einmal ein Dichter: in der vollen Schaffensfreude liegt die höchste Befriedigung des guten Gewissens.

Derselbe Dichter sagte mir: Wenn ich Shakespeare gelesen oder gehört habe, fühle ich mich tief niedergedrückt, und Alles, was ich gestalten will, erscheint mir so kleinlich und nicht des Aufzeichnens werth. Wenn ich Goethe gelesen habe, fühle ich mich erfrischt und ermuthigt; ich sage mir: du bist weit entfernt, ein Gleiches erreichen zu können, wie er; aber du bildest eben das in deine Natur Gelegte aus, wie auch der Meister gethan. Neben der Eiche kann auch eine gerechte Haselstaude wachsen.

Woher dies kommen mag? Wohl daher, weil Goethe als große aber doch bemessene Persönlichkeit erscheint, Shakespeare dagegen unpersönlich und allgewaltig.

Dichtung Selbstgefühl? Das ist so zu verstehen. Der Philosoph, der Naturforscher kann ein äußeres Maß, mathematischer Beweise zur Erhärtung anlegen, der Dichter nicht. Es steht Alles in ihm und in so weit seine Natur dem Allgemeinen zustimmt, ist Wahrheit in seinem Werke.

Ein Dichter, der aus den Gestalten seiner Phantasie heraus in ihnen lebend denkt und empfindet, gleicht dem Wahnsinnigen, der sich einbildet ein König, ein Holzknecht, eine Prinzessin, ein General zu sein; aber der Dichter kehrt aus der Versetzung in fremdes Leben wieder zu seinem Selbst zurück; seine Seele ist ein eherner Spiegel, in dem sich eine Weile das Bild der Phantasie in seiner ganzen Lebensfülle darstellte, aber der Spiegel hält es nicht fest.

Raphael konnte nur so rein das Schöne schaffen, weil er in einem schönheitsvollen, das Schöne empfindenden Volk und Zeitalter lebte. Das Genie ist nur die Culmination seines Volkes, seiner Zeit. Die Volksbildung wird nicht nur vom Genie bestimmt, das Genie wird auch von der allgemeinen Volksbildung bedingt. Es kann keine einzelne Alpenhöhe geben, der Monte Rosa wächst aus der Alpenkette heraus.

Es liegt ein eigener Zauber in dem Blicke, mit dem ein Künstler sein sich vollendendes Bild betrachtet. Der Genius aus ihm lächelt und ist kindlich froh.

Nur die Liebe kann erziehen, wie nur die Liebe schafft und bildet. Ein Künstler, der seinen Beruf, seine Arbeit nicht liebt, kann nichts gestalten.

Es liegt ein wunderbares Wohlgefühl im vollen Ausströmen seiner innersten Gedanken, es ist wie ein Rollen des eigenen Seins auf unsichtbarer Tragkraft.

Entweder man kann fliegen oder man kann es nicht. Durch Fleiß läßt sich die Fähigkeit zu fliegen, nicht erwerben. Allerdings verlangt die organische Ausgestaltung eines Kunstwerkes Fleiß, redliche und unablässige Uebung, aber die eigentliche erste Kraft ist Naturgabe.

Der Dichter hat die Kraft zu gehen, aber auch die zu fliegen und das löst im Verkehr mit ihm unversehens die Schrittmäßigkeit auf.

———

Die Dichterkraft ist wie der Magnet, sie darf nicht ruhen, sonst hört sie auf; je öfter zur Anziehungskraft herausgefordert, um so stärker wird sie in sich.

———

„Uebung macht den Meister" gilt von allem Lernbaren, Handwerksmäßigen, nicht aber von der angeborenen künstlerischen Kraft. Strenge Schulung erhöht sie, ihr Wesen aber muß eingeboren sein. Man kann von Anderen lernen, aber nur aus sich selbst bilden.

———

Entwicklung, Fortbildung ist der Gegensatz der Manier. So lange ein Künstler sich entwickelt, neuen Inhalt bringt und neue Formgebung, hat er keine Manier, oder sie erscheint vielmehr nur als Individualität. Ist die Entwicklung abgeschlossen und er arbeitet mit der errungenen Technik weiter, so beginnt die Zeit der Manier.

Wie die Bildung der Erde mehrere Uebergangs-stufen hatte, bevor sie zur jetzigen Gestalt gelangte, so geht es auch bei Bildung eines Kunstwerkes, namentlich der Dichtung, es hat im eigenen Geiste oder äußerlich untergegangene Formationen zu seiner Voraussetzung und damit eine höhere Ständigkeit. Die Werke des sogenannten ersten Wurfes sind selten in der Welt.

Auch im gewöhnlichen Leben ist es wie in der Dichtung. Das, was du von Anderen zu erwarten hast, ist eben weil es von Anderen kommt anders als du erwartet hast und darum überraschend.

Der Tonkünstler übt sein Ohr und wird für die feinsten Unterschiede und Uebergänge empfänglich. Der Dichter übt beständig sein Gefühlsvermögen und wird ebenso empfindlich für die leisesten Anregungen. Diese höhere Erregbarkeit kann dort wie hier krankhaft werden; nur erscheint eine Krankhaftigkeit des Dichters offenkundiger, weil er die Feinheit seiner in der Phantasie ausgebildeten Seelenzustände auf das Leben überträgt.

Unglücklich ist der Mensch, der immer von Anderen verstanden, ja sogar errathen sein will in seiner Empfindungsweise und seinen Strebungen. Da tritt die Empfindlichkeit, Selbstvergrämung, Isolirungssucht bei allem nicht zu stillenden Verlangen nach liebendem Anschluß ein.

Menschen von idealem Beruf, namentlich Dichter, kommen leicht in diese Gemüthssphäre, und aus ihr stammen bei sich aufraffendem Naturell, dem die Melodik des Ausdrucks zu Gebote steht, die zartesten lyrischen Gedichte, über denen ein leiser Hauch edelster Melancholie ruht.

Vermag aber der so Bewegte sich nicht zu erlösen, so verfällt er leicht einer tiefen oder gar sinnverwirrenden Schwermuth.

Es läßt sich nun einmal nicht machen, Biergarten und Nutzgarten lassen sich nicht mit einander verbinden. Die gefüllte Rose trägt keine Hagebutte und die Kartoffel wird nun und nimmer eine Bierpflanze. Es geht auch in der Kunst so: Das, was um einer Tendenz willen, zu einer Frucht da ist, hat die Schönheit nicht in sich, sondern in etwas Jenseitigem, Draußenliegendem, in Resultaten, die gleich der Kartoffel in der Erde wachsen; das Kraut ist nur für die Kartoffel. Aber Blumen sind Blumen und sollen es sein, sie haben nichts Eßbares, sie blühen und duften: das ist genug.

Wenn man zum Kriege drei Dinge braucht: Geld, Geld und Geld, so brauchen die Künste des Friedens, vor Allem die dichterische Gestaltung auch drei Dinge: Ruhe, Ruhe und Ruhe.

— — —

Nur thätige, ich möchte sagen, soldatische Naturen können die Morgenreveille ertragen, dichterisch-träumerische nicht.

Die Poesie kann nur in Zeiten der Ruhe gedeihen und aufgenommen werden. Während es Sturm läutet, hört man keine Stundenglocke schlagen.

„Wer weiß, ob jener Dichter, Künstler so Großes geschaffen hätte, wenn ihn nicht die Noth des Lebens bedrängt hätte" — sagt die bequeme Philisterei. Die Noth aber kann die moralische Kraft erhöhen, nicht die künstlerische, diese bedarf der Freiheit, ja sie ist diese selbst.

Lessings Nathan ist nicht aus Noth, sondern trotz der Noth gedichtet, und wer kann bestimmen, wie dieser Kampf die Lebenskraft des Dichters untergraben.

Es ist leicht gesagt: Du hast deine Geisteskraft, mache jetzt etwas Anderes, wenn du nicht produciren kannst. Aber das Wasser, mit dem man die Wiese wässert, sammelt sich nicht zum Bach, um eine Mühle zu treiben. Freilich könnte das Wasser noch mehr als eine Mühle treiben, aber in der Menschenwelt wie in der Natur kommt kein Einzelnes zu seiner allseitigen Wirkung.

— —

Eine Künstlernatur ist am schwersten zu ändern, weil sie sich und aus sich selber schafft und modelt, weil sie mit Aufgeben und Aendern individueller Besonderheiten auch ihren allgemeinen Beruf zu ändern hätte; darum ist hier so viel Gegenkampf und Unnachgiebigkeit. Das Subjektive ist hier das Stärkere. Ein Arzt, Richter bleibt was er ist, wenn er das und das ablegt. Der Künstler, dessen Beruf seine Persönlichkeit ausmacht oder in sich schließt, hat Alles zusammenwachsen lassen, unzersplitterbar.

Der einsam Aufnehmende ist ein Anderer als der gemeinsam Aufnehmende. Wie ihn das Daneben störend durchkreuzen kann, so kann es ihn auch heben und berichtigen. Im Theater bildet sich eine Gesellschaftsstimmung, der nur die entgehen, die nach einem inneren Marsch marschiren und nicht nach äußerlich gehörter Musik.

Ein Dichter muß wissen, was er will; er muß aber auch wissen, oder — wie man es nennt — unbewußt empfinden, was die Andern wollen können, und schließlich muß er ihnen geben, was sie wollen sollen und müssen.

Wer nur weiß, was er selber will, wer aus einer isolirten Stimmung herausempfindet, strebt, handelt, kommt leicht in das Schrullenhafte und wird — wie man's nennt — ein verkanntes Genie.

Die Consonanz des Individuums und des Nationalgeistes, Zeitgeistes, Weltgeistes, das ist nicht durch Fleiß, durch Beharrlichkeit und alle sogenannten spontanen Tugenden zu erreichen; das ist eben eine Gabe Gottes, das Genie. Ist die Thatsache des Geistes gesetzt, dann müssen die Tugenden der Willenskraft geübt werden, wach sein, beharrlich und vor Allem leidenschaftslos; denn vom Leidenschaftlichen gilt: er weiß nicht, was er will d. h. er weiß es jetzt nicht, er wußte es in nüchterner Stunde. Die Leidenschaft hat eine Klarheit des Geistes von gestern oft zum Hintergrund; aber im Moment der Leidenschaftlichkeit, in den Mitteln, im verlangten Maße weiß sie nicht, was sie will und noch weniger was die Anderen wollen.

Nach den Gesetzen des Fortschritts und der Entwicklung weiter gehen auf dem betretenen Wege, das ist der praktische Verlauf; der geniale eröffnet neue Wege. Das Genie ist nicht ein Wunder, aber es erscheint als solches; der naturgeschichtliche Verlauf gipfelt unversehens in einem Ergebniß, das überraschend die vorhandenen Entwicklungsmomente zu einem ungeahnten zusammenfaßt.

Der Ordnungstrieb ist ein Grundzug des Menschengeistes, der in der Wissenschaft als logische Folge und System, in der Kunst als Proportion und Harmonie erscheint. Der Künstler muß verworrene Bewegungen und Tumulte geordnet und in bestimmten Articulationen geben, unklare Empfindungen klar darlegen; verfällt er in das Pathos des Objekts, wird selbst unklar, tumultuarisch, verworren, so hört er auf Künstler zu sein. „Nüchtern die Trunkenheit zu singen" heischt schon Anacreon.

Die Bibel und die antiken Bildwerke sind verstümmelt auf uns gekommen. Und doch wie groß und schön!

Moses in der Bibel ist eine Heldengestalt, mit der sich nicht leicht eine andere messen kann, vielmehr ist er das Maß; denn wo fände sich ein Gleicher, der nicht nur der Befreier, sondern auch der Gesetzgeber war, ein Held und ein Erzieher. Und dichterisch schöner könnte kein Dichter seinen Helden sterben lassen, er hat Alles ideell vorbereitet, aber selber konkret gestalten durfte er nicht mehr, er stirbt das Land schauend, und vielleicht wäre er auch zu weich zum Vertilgungskrieg gewesen, er hat ihn zwar befohlen, aber wer kann sagen, daß er ihn ausgeführt hätte? Dazu taugte Josua der Soldat.

Es liegt eine Gefahr für die moderne Dichtkunst in der Auflösung der Staffage als solche. Die feste Perspective geht damit verloren. Es muß Figuren ohne Action geben, die nur den Maßstab der Aufnahme bezeichnen, weiter nichts.

Die Auflösung der Gesammtrepräsentation, des Chors in Individuen, bringt eben dahin, daß man den Wald vor lauter Bäumen nicht mehr sieht.

Der Chor in den alten Tragödien ist nicht nur der Menschenwald, aus welchem widerhallt, was man hinein ruft, er ist auch ein selbstredender, als Gesammtheit empfindender Menschenwald.

In der Dichtkunst ist die Leidenschaft am sichersten allgemein wirkend. Bei großer Hitze und großer Kälte sprechen die Menschen davon und sind gleicher Empfindung sicher, von mittlerer Temperatur spricht man nicht und weiß man nicht. Das Idyll ist darum auch das schwierigste, weil es sich ständig in mittlerer Temperatur hält.

Die moderne Menschheit dichtet in der Musik die Märchenkraft des Menschengemüths aus, die das Alterthum im Mythus gestaltete. Die Musik giebt Stimmungen und Situationen über alles greifbare und sichtbare Dasein hinaus und läßt uns wach träumen.

Jede Dichtung muß in ihrem innersten Kern von einem fremden Volk verstanden und nachempfunden werden können. Darum muß auch der Patriotismus in einer allgemein menschlichen Geltung erscheinen. Ist das nicht, bedarf die Nachempfindung der ausschließlichen Zugehörigkeit zum bezeichneten Vaterlande, so mag solch eine Dichtung politisch bedeutungsvoll sein, künstlerisch bleibt sie mangelhaft.

Was ein Mensch nicht sagt, ist oft viel charakteristischer, als was er sagt, aber das Nichtgesagte läßt sich schwer ermitteln. Bei einem Schriftsteller aber läßt sich ganz gut ausfindig machen, was er bei dieser und jener Situation hätte sagen können und nicht kundgab.

Die sittliche Idee in einer Dichtung ist etwas ganz Anderes als Tendenz. Eben Dichter, denen es an sittlicher Schwere fehlt, suchen sich mit der Tendenz zu helfen, es hilft aber nur eine Weile, bis die Tendenz so oder so Faktum geworden. Die sittliche Idee eines Kunstwerkes ist die Seele dieses selbst, und diese giebt Zeugniß von der Seele des Schaffenden.

———

Kann man Alles karikiren? Ich glaube, das einfach Große läßt sich nicht karikiren, nur das Complicirte in Erscheinung und Wesen.

Von Goethe und Raphael läßt sich keine Karikatur denken.

Auch das Schöne ist wahr, nicht blos das Unschöne. Das gilt für die sogenannten getreuen Realisten.

———

Epigone! Das ist nichts als ein Wort des Katzenjammers. Sind die Griechen Epigonen der Aegypter, die Römer Epigonen der Griechen und so fort durch alle Zeiten? Der Lebende hat Recht, sagt das Dichterwort, und alles Lebende ist ein Werdendes, Neues.

———

In allen Gestalten des Dichters, so vielfältig sie erscheinen, sieht man doch dasselbe Auge des Dichters, das sie erschaute.

———

Das normale oder normgebende Genie hat mit dem anormalen, das als Wahnsinn erscheint, das gemein, daß es genetisch nicht nachweisbar sondern meteorartig erscheint.

Noch nie hat ein Genius — selbst ein Goethe in so langem stetigem Arbeitsleben — sein Alles und Letztes ausgegeben, es bleibt ein Unausgesprochenes, das mit ihm stirbt, und all sein Singen und Sagen war nur der Versuch, dies Letzte kund zu geben.

Goethe's Werke sind Emanationen seiner persönlichen Entwicklung und aus dieser tiefer verständlich. Aber sie sind nicht an seine Persönlichkeit gebunden, vielmehr von dieser abgelöst und zum freien Selbstleben erlöst.

Jede Schrift Goethe's ist subjektiv, aber keine persönlich. Erst alle zusammen repräsentiren seine Persönlichkeit. Das ist nicht antithetische Spielerei, sondern ich verstehe es so: Goethe gab jeweilig den vollen abgeklärten Inhalt seiner Stimmung. — Thut das aber nicht jeder Dichter? Freilich, aber nicht bei jedem zeigen sich so die Zubildungen, die Jahresringe der Entwicklung, die den Stamm des Baumes formiren, wie bei Goethe.

An psychologisch und logisch gerade sich entwickelnden Dichternaturen läßt sich die Nothwendigkeit ihres Seins schon daran erkennen, daß sich kein Werk von ihnen chronologisch versetzen läßt. Werther ist vor Iphigenie, die Räuber vor Carlos gar nicht hin und her zu schieben. Die Kunstmacher dagegen, die Problemjäger ohne subjektiven Trieb, haben und geben keine Entwicklung, kein aus der Empfindung angefachtes und anfachendes Wangenglühen, bleiben und lassen kalt.

———

Goethe will nie schön sein, er strebt nach keinerlei Aufputz, er will nur rein und wahr sein, denn er ist von Natur schön.

———

Die Philosophie entspricht dem Ausbau dichterischen Empfindens; zum Unterbau giebt das konkrete Leben festen Halt. Auch hierin ist Goethe wiederum Muster. Die beiden Männer, die am mächtigsten auf sein Naturell einwirkten, sind Justus Möser und Spinoza; jener in der Jugend, dieser im vorgerückten Lebensalter.

———

Goethe fühlte sich im eigentlichen Sinne des Wortes als der Zeitgenosse aller Zeiten.

Ausdehnung und Denken, die Spinoza als die beiden Erscheinungsweisen einer und derselben Substanz bezeichnet, diese Auseinanderlegung des Einheitlichen zeigt sich uns in den Einzelerscheinungen: in der Elektricität als positiver und negativer Pol, in der mathematischen Anschauung als Plus und Minus, in der Ethik als Egoismus und Mitleid.

Auch ästhetisch ist das Gleiche erkennbar. Die Substanz Goethe's zerlegt sich in seinen Gestaltungen wesentlich in die beiden in ihm ruhenden Grundmächte absoluter Hingebung und zurückhaltender Besonnenheit. Das variirt sich von Werther und dem gedachten Freunde, an den die Briefe gerichtet sind, durch Tasso und Antonio, Egmont und Oranien bis hinauf zu Faust und Mephisto.

Goethe behandelt viele Nebenfiguren blos als Requisit, das keinen Anspruch auf Charakteristik und individuelles Leben hat. Es ist ein naturgemäßes demokratisches Princip der neuen Zeit, daß dies anders geworden.

———

In den dichterischen Gebilden Goethe's erquickt uns die Verbindung von warmer Empfindung und Gelassenheit, wie Feuer und Blume des Weines. Erst aus seinen Briefen sehen wir, daß seine Gelassenheit eine durch Willenskraft erworbene Tugend war.

Goethe hat die naivsten Gestalten, d. h. solche, die aus der Gebundenheit ihrer Natur handeln ohne dialektische Vermittlung. Man erkennt am schnellsten wie grundmäßig naiv Gestalten wie Gretchen und Clärchen sind, wenn man sich fragt, ob sie eine Spur von dem haben, was man Backfischwesen nennt. Sie sind im Gegentheil reife Naturen, denn die Naivität ist nicht das Unfertige, sondern die vollgezeitigte Naturreife.

Goethe ist — auch im späteren Lebensalter — präciser im Verse als in der Prosa. Er faßt und bezeichnet da stets bestimmt und scharf. Während er im prosaischen Ausdruck bequemlich und verschwommen allgemein sich gehen läßt, nöthigt ihn die Versform zu geschlossener Haltung.

Goethe's Faust hat das Gleiche wie die großen monumentalen Bauten. In der langen Bauzeit veränderte sich der Stil. Und Goethe hat alle Stilformen durchlebt und durchgearbeitet. Von der Blockhütte durch die Antike bis zur feinsten Gothik, von Werther (dessen Zusammenfügung von Briefen als erster Bau aus wenig behauenen Steinen betrachtet werden kann) bis hinauf in den Faustischen Himmel mit seiner Alles versammelnden und seiner neubildenden Mythologie.

———

Durch seine Kundgebungen über alle Anliegen des Menschengeistes mag Goethe als Dichter nicht gewonnen haben; aber seine Erscheinung als voll ausgestalteter Mensch ist dadurch rundum erkennbar. Wie viel Unzulänglichkeiten würden wir an manchen hochgehaltenen Männern finden, wenn sie sich über die Gesammtheit des Lebens hätten aussprechen wollen oder müssen.

———

Goethe konnte im Egmont dessen Frau und Kinder ignoriren, Schiller im Tell nicht. Hier wies schon die Tradition auf die Gefährdung der Familie, die Befreiung ist hier Kampf für Haus und Hof, dort für das Staatsganze.

———

Es ist einer der tiefsten Charakterzüge in Goethe, daß er leicht Geschenke annahm. Er war freilich wohlgestellt, und wie man's nimmt reich genug, um sich durch Geschenke nie beengt und gebunden zu fühlen, und was man ihm darbrachte, war nicht zur Noth sondern zum Schmuck des Lebens. Aber das ist doch nicht das Wesentliche. Wer in sich fühlt und weiß, daß er jede Stunde, jede Regung, jede Anschauung in sich neu belebt, um sie dann der Welt darzubringen, der kann leicht und frei die Darbringungen der Welt empfangen. Goethe konnte etwas von jenem Götterstolze empfinden, der da sagt: Was ihr darbringt ist doch mein, die ganze Welt ist mein und was ihr aus Eurem Besitze in meine Hand gebt, nehme ich als Zeichen der wohlwollenden Erkenntniß.

———

Goethe hat in seinen Schriften nie etwas unterstrichen, Schiller oft. Der Grund ist, weil bei Goethe sich der Ausdruck von selbst accentuirte, Schiller aber fühlte, daß der Ausdruck an sich nicht genügend war und er noch eines ungeschriebenen Trumpfes, einer Tonbezeichnung bedurfte.

———

Goethe's Produktionen sind viel einfacher und allgemein verständlicher als die Schillers und doch wird er wohl nie so populär wie dieser. Es ist nicht nur weil das schwunghaft Getragene, Farbenblitzende viel populärer ist, als das einfach Gleichmäßige, Stillfarbige; es ist hauptsächlich auch, weil Schillers Persönlichkeit eine populäre ist, sein Schicksal und seine enthusiastische Hingebung, während Goethe vornehm, kalt und zurückhaltend erscheint. Keine Lehre hat je einen Menschen im weitesten Sinne populär gemacht, sondern das Leben macht populär, die Individualität des Schaffenden ist dabei weit mehr Ausschlag gebend, als das Geschaffene. Die persönliche Unsterblichkeit ist auch subjektiv genommen die populäre.

———

Schiller und Goethe sind ein Doppelvokal, der im Sprachschatze des deutschen Volkes nicht mehr getrennt werden kann. Freilich sagt man: au besteht aus a und u, aber es ist ein selbständiger Doppelvokal geworden, der nicht mehr A U ausgesprochen wird.

———

Es wäre dem nachzuforschen, wie Schiller im freien Sinne des Dichters trotz einer Antipathie doch Lessing's Spuren nachging. Daß „Kabale und Liebe" die in's Bürgerliche und Realistische übersetzte „Emilia Galotti" ist bis auf die Personen nachzuweisen, aber auch in Don Carlos ist ein Ton „Nathan". Die Scene, wo Posa zu Philipp gerufen wird, gleicht bis auf Töne der Berufung Nathan's zu „Saladin", und hier wie dort liegt die Liebe als nur angeheftet draußen, dort zur Gattin des Vaters, hier zur Schwester.

Nur in den 30er Jahren, wo eben Alles zum staatlichen Leben hindrängte, konnte solche Börne-Menzelsche Verketzerung Goethe's aufkommen.

Das rein und allgemein Menschliche oder auch das Privatmenschliche sollte nicht zu Wort und Verständniß kommen. Man wollte den Staat und mußte ihn wollen. Der Missionär sieht im Götterbild den Götzen; er muß es stürzen und kann kein Auge für seine künstlerische Schönheit haben.

Zu Goethe's Zeiten lebte ein realistischer Vertreter der Empfindlichkeit: Jean Jacques Rousseau, und Goethe ward durch dichterische Gestaltung der Befreier von der Empfindlichkeit.

Warum ist Wieland so vergessen? Weil er in sich keine Entwicklungsstufe des nationalen Geistes zu concentriren und darzustellen vermochte. Er könnte nicht dagewesen sein und Alles wäre doch, wie es ist, während z. B. eine Kraft von weit geringerem Gewicht wie Gellert zum Entwicklungsgange des deutschen Geistes gehört

---

Man könnte sagen, daß die That Luther's, seine Bibelverdeutschung, sich auf ästhetischem Gebiete wiederholte durch die Schlegel-Tieck'sche Uebersetzung des Shakespeare. Die Bibel und Shakespeare wurden deutsch eigen. Wir verstehen jetzt besser Hebräisch und Lateinisch als Luther, auch Englisch versteht man besser als Schlegel-Tieck. Manches ist dort wie hier falsch übersetzt, dennoch aber sind diese beiden Verpflanzungen echt und wurzeln fest. Es kommt nicht Alles auf die Genauigkeit des Einzelnen an, der Ton des Ganzen ist entscheidend.

Shakespeare hat viele bereits dichterisch — auch dramatisch — verarbeitete Stoffe neu aufgenommen und erst zum vollen Stand gebracht. Ein bereits durchgearbeiteter Stoff hat sein Gutes. Man nimmt nicht rohes Erz zu Statuen sondern gern gegossene Kanonen, geprägte Münzen zum Einschmelzen.

„Womit Jemand sündigt, damit wird er gestraft" heißt es Weish. Salomonis 11, 11; das ist das tiefste Lebensgesetz der Nemesis. Es geht ein Gesetz der Vergeltung durch die Welt, das uns oft verhüllt sein kann, sich aber bei näherer Betrachtung unverkennbar offenbart. Es ist der Triumph der dichterischen Kraft, dies in freier Nachbildung und Concentrirung des Lebens zu zeigen, nicht plan sondern tief eingeschlossen. Lear sündigt an der Vernunft und wird wahnsinnig, Gloster handelt blind und wird geblendet! Es zeigt sich im Leben und muß in der Wiederbelebung durch die Kunst nachgewiesen werden, daß die Dispositionen und Gewohnheiten eines Charakters ihm die entsprechenden Handlungen zum Schicksal zuführen.

Dieses sich Gehenlassen bei Boz in der Erfindung giebt sehr viel Willkürliches, Zerfahrenes, steigert aber auch oft die Phantasie bei Schilderung des Einzelnen und legt ihr Verpflichtungen auf, aus dem Improvisirten nun etwas zu machen, das Plan und Anlage hat.

—

In Kleist's Hermannsschlacht ist mit eben so viel bewußtem Freimuth als schlichter Naivität — und das sind die gemeinsam vollwirkenden künstlerischen Mächte, — dargestellt, wie die reine Naturthat, das, was die Moral „gut" und „böse" nennt, noch in unterschiedsloser Einheit in sich hat, und der Krieg — auch der heiligste als Befreiungskrieg — ist ein Verlassen des Kulturwegs und ein Zurückgehen auf den Naturact, der aber List und Grausamkeit wie beim Thiere nicht ausschließt.

—

Auch in der Kunst läßt sich die Entwickelung eines Kunstwerkes aus der Zellenbildung nachweisen. — So ist der Apfelschuß im „Tell" die Grundzelle, aus der sich vor- und rückwärts die ganze Dichtung aufbaut.

In der Erzählung kann man in einem neuen Kapitel wieder in der Zeit zurückgehen und nachholen, was anderwärts indeß vorgegangen; im Drama kann man das nicht, da muß die Handlung an sich wie die Uhr immer vorrücken.

Stillstehende Orientirungsscenen kann es geben, aber keine rückwärtsgehende Bewegung. In den Orientirungsscenen wird die Uhr nur wieder aufgezogen und während dessen geht sie nicht.

Aus guten Romanen behalten wir weit mehr die Charaktere als die Gesammthandlung in Erinnerung. Unsere Erinnerung bewahrt überhaupt mehr die Gestalten als die Schicksale.

Das Publikum der Erzählung ist im eigenen Hause daheim, das des Drama's in einem fremden und erwartet minutlich etwas Neues als Verpflichtung dessen, der es hergeführt.

Ein Theaterpublikum sind Menschen in Ruhe vor Menschen in Bewegung; was diese äußerlich thun und was ihnen geschieht, das Alles müssen die Ruhenden innerlich mitmachen, darauf kommt Alles an.

———

Nicht das, was eine handelnde Person im Drama von sich selbst aussagt und auslegt ist bestimmend für das Urtheil der Zuschauer über sie, sondern das, was Andere über sie mittheilen und urtheilen.

———

Man nimmt gerne an, daß Geldkalamitäten nicht dichterisches Motiv sein können. Nähme man aber diese heraus aus dem Vicar of Wakofield, so fehlte ein Grundstein. Das Entscheidende ist, daß Besitz oder Mangel des Geldes nicht Mittel- und Drehpunkt einer Dichtung sein kann, aber das freie, gelassene Entbehren des Geldes ist eine Verstärkung der Sympathie für die handelnde und leidende Person. Wir haben weniger Sympathie mit dem Satten als mit dem Genügsamen.

———

Nennung einer bestimmten Summe Geldes ist als Motiv einer Dichtung innerlich unpoetisch. Es ist ein Motiv, dessen Wirkung auf Zeiten und Personen gar nicht zu ermessen ist. Gestern war diese Summe eine bedeutende in allgemeinem Geldwerthe, heute ist sie's nicht mehr und morgen noch viel weniger; das Motiv ist Coursschwankungen unterworfen und es ist noch etwas Anderes, als wenn man die Tiefe eines Abgrundes, in den man stürzen kann, nach Fußen angiebt. Denn der Sturz dort hinein ist doch noch immer tödtlich, zu allen Zeiten und für alle Stände. Einziges und ewiges Motiv aller Dichtung ist der Affekt, die Leidenschaft, der Konflikt; die kennen keine Standesunterschiede und keine Coursschwankungen.

———

Beim Drama lernt man, nur das auszusprechen, was der Moment erheischt, jede Uebertragung aus fremder Stimmung, jedes Herbeiholen von dem, was nicht da ist, jedes Reflektiren aus anderweiter Vorbereitung — springt da augenfällig als ungehörig heraus.

———

Genügsamkeit ist ein Grundmotiv der Idylle. An den gegebenen Verhältnissen genug haben, dieselben schön erfüllen, nicht nach Anderem streben im Glauben, daß das Andere glücklich mache, das ist der idyllische Grundton.

Was in der Erzählung von großer Bedeutung ist: die Bedingung der Stimmung je nach Tages- und Nachtzeiten ist im Drama von minder wesentlicher Bedeutung.

In einer Erzählung, einem Drama die Motive häufen, das bringt nicht mehr Leben hinein, es ist nichts als eine Kumulation von Fruchtkörnern aber kein Wachsen. Man muß das einfache Motiv so treiben, daß Alles aus ihm herauskommt was darin ist, und man glaubt oft gar nicht, wie ergiebig jedes Motiv ist und macht Anleihen bei neuen, während man schon genug besitzt. Bei der Häufung der Motive schadet eines dem andern, statt ihm zu nützen und es zu heben; es hindert und erdrückt eines das andere.

Der Monolog verfällt naturgemäß in die Redeweise des Du, denn mit sich sprechen heißt ja schon aus sich ein Ich und ein Du machen, Redenden und Angeredeten aus derselben Person, die Formulirung des Denkens in Worte und endlich das Ausprägen der Worte in laut hörbaren Klang, das setzt ein und dieselbe Persönlichkeit in zwei Thätigkeiten, in die des Redenden und Hörenden, und giebt schon die thatsächliche Duplicität.

Je mehr das Drama den Monolog auf's Aeußerste versparen und die Bewegung der Gegensätze schauen lassen kann, um so ergiebiger und durchgearbeiteter erscheint es. Der Monolog darf nicht als Nothbehelf aufgefaßt werden, er muß die Spitze des Zusammenschlusses der Gegensätze sein.

Drama und Plastik dulden nichts Mystisches, halb Gewolltes, Angedeutetes im Halbschatten, es muß Alles heraus in das volle Licht. Nicht umsonst sind sie auch die Hauptstämme der griechischen Kunst.

Die ganze Natur des Drama's zeigt sich bis in die kleinsten Umstände. Was in der Erzählung als unsichtbar wirkende Kraft geltend gemacht werden kann, muß im Drama schaubar sein. Der Ofen ist da ein gutes Beispiel. Wie behaglich läßt sich die Wärme in der Stube vom geheizten Ofen schildern; will aber das Drama etwas davon geben, so braucht es offenes Heerdfeuer, hell flackernd, bewegt. Ein noch so breiter Kachelofen auf dem Theater wirkt und gilt nicht. Das offene Heerd- oder Kaminfeuer ist eines der bezeichnendsten Symbole des Drama's. In allen Motiven, besonders in den psychischen, muß das offene Heerdfeuer erscheinen.

Es giebt auch im Drama Personen, die gleichsam Zuschauer sind, nur allgemein menschlich als vorhandene menschliche Gesellschaft ohne unmittelbare Mitthätigkeit und Mitleidenschaft Theil nehmen; solche Personen dürfen auf Gipfelmomenten nicht mit ihrer Empfindung abschließend, erkältend heraustreten, das gebührt nur den im Mittelpunkt Stehenden und hier liegt das poetische Gesetz der sogenannten guten Abgänge, Scenen- und Aktschlüsse.

Aehnliches wie jene Empfindung, wo der Dichter aus der Fülle der Gesichte und Gebilde in's Leben zurückkehrt, erlebt der treu Aufnehmende, wenn er, durch ein Drama in eine andere Welt versetzt, hinaustritt auf die Straße mit ihrem Alltagsgetriebe.

Der Humor neben der erschütternden Handlung ist nur nach derselben anzuwenden, vorher stumpft er ab für die Situation und macht die Empfindung süßsäuerlich. Der betrunkene Thorwächter nach der That in Macbeth erschüttert, aber erheitert, befreit zugleich. Die Erschütterung, daß die Welt so vielfach, daß Einer nichts weiß von dem, was neben ihm geschieht, kommt kaum zur Wirkung, eigentlich erheitert und erlöst nur der Mann, er bringt Licht in die Seele, während wir in bänglicher Finsterniß uns fortgerissen und geplagt fühlen. Käme der trunkene Thorwart vor der That des Macbeth, er würde uns absolut stören, seine Heiterkeit und die nachfolgende That wären absolut widerlich.

Das Isoliren des Empfindungsstromes durch Humor muß bedachtsam an der rechten Stelle eingesetzt werden.

Der Bau eines Dramas hat Aehnlichkeit mit einem ordnungsmäßigen Periodenbau. Komma, Semikolon und Punktum zeigen sich faktisch. Es muß zum Punktum fortgehen und man merkt es ganz deutlich, wenn das nicht ist, und Nebenfiguren sich als Zwischensätze einfügen.

———

In der Kunst des öffentlichen Vortrages giebt es auch eine eigene fast monologisirende Art, oder doch so, als ob der Sprecher nur zu einem Einzelnen rede. Er sitzt behaglich in seinem Lehnstuhl und der Zuhörer auch, es ist gegenseitiges Vertrauen und Vertraulichkeit, keinerlei haftige Spannung, keinerlei erweckliche Töne, kein sich einer größeren Persönlichkeit (die eine Versammlung ist) gegenüber Wissen.

Es ist gut und anmuthend, wenn solche Momente wo man in's Auge spricht, mitten in einem Vortrage sind; aber das Ganze so halten, verletzt das Gesetz der Perspective oder Perakustik, wie ich es nennen möchte. Es muß auch einen Glockenton vom hohen Thurm geben, der zu Sturm oder allgemeiner Andacht läutet und der nicht in die Stube, in das Gespräch oder die Mittheilung vom Einzelnen zum Einzelnen paßt.

———

Erst das ist ein richtiges Werk der Dichtung und besonders ein Drama, in dem die ganze Scala des Empfindungslebens angeschlagen ist. In den beiden Worten Furcht und Hoffnung sind die Endpunkte der Linie bezeichnet, innerhalb derselben liegt die Sympathie, der Abscheu, der Schreck, der Schauder, die Erschütterung und die Rührung und der Jubel, und je mehr sie sich in einer und derselben Person oder in den beiden Gegensätzen concentriren, um so schärfer ist die Durcharbeitung.

—

Mythus und Volksdichtung vorbereiten die Stoffe und hauen sie im Groben zu (wie das auch im Bildhauer-Atelier der gemeine Steinmetz kann); Felsen stehen dort oben auf duftumflossener Bergeshöhe und man sagt: Das ist ein Mann, eine Frau, ein Kind, ein Pferd u. s. w. Der Künstler, der Dichter kommt und bildet das Vorbereitete künstlerisch durch. Für den gemeinen Verstand, für das rohe Auge bleibt auch das künstlerisch Vollendete der roh zubehauene Block, sie sehen nur das darin in seinem allgemeinen Zuschnitt; das feine Auge, der gebildete Verstand sieht auch die Durchgliederung.

An der Odyssee läßt sich das höchste Gesetz der epischen Dichtung entwickeln und ableiten.

Der Held ist kein erst Werdender, sondern ein bereits Gewordener, er hat ein Leben und Thaten hinter sich und entwickelt sein Leben und seinen Charakter an neuen Ereignissen.

Ereignisse sind es vor Allem, in denen er sich erprobt, nicht selbstwillige Thaten. Er hat mit der ganzen Welt zu kämpfen, mit Natur-Elementen und den Menschen in der ganzen Breite des Weltdaseins, und im Hintergrunde ist ein wartendes in Spannung erhaltendes und erhaltenes Verhältniß: die Heimkehr und die Heimath.

Es ist ein festes und bestimmtes Ziel gegeben, aber der Weg dahin ist frei allen Wechselfällen ausgesetzt, ja die Möglichkeit der Heimkehr und die Fraglichkeit, ob eine wirkliche Heimath zu finden, noch immer offen.

Der Roman des Abenteuers ist hier der eigentliche Kernpunkt. (So Don Quixote, Wilhelm Meister, Gil Blas, Die Verlobten.)

Zur festen Volksgeschichte ist die Lokalisirung durchaus nothwendig. Der Leser braucht die Oertlichkeit nicht zu kennen, aber der Schaffende muß sich seine Erzählung mit all den Vorgängen da hinein denken, erst dadurch gewinnt Alles richtigen Halt und Stand. Die Heimathlosigkeit bringt eine Unbestimmtheit und Zaghaftigkeit in den Schaffenden wie in das Geschaffene. Für die Romantiker ist das gerade das Richtige, es soll sich das Gebilde nicht setzen, sondern in einer gewissen Schwebe bleiben, und wie Vagabunden und sonst excentrische Naturen die Lieblingshelden der Romantiker sind, so stimmt eben damit diese Heimathlosigkeit; sie geben Luftmalerei, sehr fein, sehr zart empfunden in den leisesten Schwingungen, aber wenn sie sich setzen, machen sie sich's bequem mit komponirten Landschaften und haben alle Requisite beliebig zur Hand, Höhlen und Wasserfälle, Waldberge und einsame Schlösser und Köhlerhütten u. s. w. was man nur eben will.

Volksthümlich, allgemein faßlich ist eigentlich nur das Unausgeführte in der künstlerischen Produktion, ich meine das kurz und bestimmt Angedeutete und nicht Ausgedeutete. Das Volk sieht und denkt nicht in die einzelne Verzweigung hinaus, der Gesammteindruck ist die Hauptsache.

Der Darsteller und Dichter von Volkszuständen,
Volkscharakteren, Stimmungen des gemeinen Mannes muß
sich diesen gegenüber verhalten wie ein Geschworener, ohne
subtile Distinctionen, auf den ganzen Sinn der Thatsachen gehend. Es ist dem Gelehrten schwer, wieder
einfacher Geschworener zu werden, aber er muß es können,
indem er das Wesentliche erfaßt. In der neuen psycho-
logischen Sprachforschung zeigt sich dies bereits.

Unbehauene Bäume fügen sich nicht einmal zu einer
rohen Blockhütte zusammen. Um einen Stamm zum Bau
zu verwenden, müssen ihm die Zweige abgenommen und
er selbst noch hergerichtet werden. So geht es auch mit
Verwendung eines Charakters in einem Kunstwerke, nicht
alle seine Beziehungen, die er im Leben hat, können zur
Geltung und Wahrung kommen und bleiben. Der dramatische Dichter noch mehr als der erzählende baut nur
mit Kernholz und muß alle Nebenschosse abthun.

Worin besteht eigentlich die Rührung? In dem Gegensatz von Geschick und sittlicher Willenskraft. Es hat etwas getroffen, das die innerste Lebenskraft nicht angreifen und nur zu schmerzlicher Klage bewegen kann; der Niedergeworfene steht in sich aufrecht, die Kontraste sind konzentrirt, inmitten derselben Persönlichkeit, wir sind mit ihr niedergeworfen und aufgerichtet, aus der verwundeten aber nicht in den Tod getroffenen Seele quillt die Thräne; wir erleben den Kampf des geistigen Organismus, der endlich in der Thräne ausbricht. Die Rührung ist nicht möglich ohne den Heroismus der vor uns betroffenen Persönlichkeit. Wir weinen nicht mit einem Schwächling, aber mit einer starken Seele in ihrem Kampfe; den Widerstand, der die starke Seele macht, erleben wir mit und brechen endlich mit ihr in den Ausdruck des Wehes aus. Die Entsagung ist am meisten rührend, weil sich in ihr das Heroische der Willenskraft derart kundgiebt, daß das äußerlich Nothwendige zum innerlich Freien sich verwandelt und somit sittlich überwunden wird.

Ein Schelm giebt mehr als er hat. Das sind in der Literatur und Kunst die falschen Idealisten.

Das Sentimentale wird am schnellsten abständig und ist das Vergänglichste in der Kunst, weil es eine durchaus subjektive Gemüthsstimmung ist. Dieses Subjektive kann einer Zeit angehören oder einem Individuum, und indem das Sentimentale ein wohlgefälliges sich Aufputzen und übertriebenes Steigern der subjektiven Stimmung ist, fällt es historisch in sich zusammen und erscheint bald wie eine abgelegte Tracht, wie eine überwundene Mode.

———

Ein Schweizer Bauer wird von einem Tyrannen gezwungen, den Apfel vom Kopfe seines Kindes herabzuschießen. So lautet die Sage.

Was bildet sich dem Dichter daraus? Er erkennt die Grundstoffe als Charaktere und Verhältnisse, aus deren Zusammenwirken naturnothwendig diese Thatsache erfolgen muß. Er schafft aus diesen Elementen das in sich gefugte Kunstgebilde. Der Vorgang ist ähnlich dem Verfahren der Spectralanalyse, die aus dem in die Ferne gesendeten Lichtstrahl die Stoffe des brennenden Körpers herausfindet. Der Unterschied ist aber der, daß die Dichtkunst sofort mit der Analyse die Synthese verbindet.

———

Die Reflexion ist das vielgescholtene und doch nothwendige Ingredienz der Poesie. Sie ist nicht nur nothwendiges Mittel zur Verkühlung des Affektes, sie ist der nothwendige Nachsatz der Empfindung, aber er muß behutsam behandelt werden. Die Reflexion muß von der Persönlichkeit durchdrungen sein, sonst wird sie äußerlich didaktisch und pedantisch zugleich.

Es giebt chronische und akute Leidenschaften. Spiel z. B. ist eine akute, Geiz eine chronische. Poetisch sind diese beiden Leidenschaften nicht tragfähig für die tragische Spitze, weil es individuell eximirte Leidenschaften sind. Tragisch können wir nur die aufnehmen, die allgemein menschlich sind, wo jeder Zuschauer sich sagen muß: Du kannst auch dazu kommen, wenn du da ständest.

Es giebt Naturausrufe, die den vollen Gemüthsinhalt in einfachen Worten, ja oft nur in einem einzigen ausdrücken. Als Benvenuto Cellini im dunkeln Gefängniß saß, betete er oft zu Gott, er möge ihn nur noch einmal die Sonne sehen lassen. Und als er endlich herauskam, rief er zum Himmel aufschauend: „O meine Sonne!" In diesem „meine" liegt Alles.

An sich gesättigte poetische Stoffe mit thatsächlich ausgeprägter Peripetie und Gegensätzlichkeit kommen nicht leicht zum dichterischen Austrag. So König Saul, Conradin, Agnes Bernauer. Wo sich aber nur Punkte geben, da bewegt sich die dichterische Schaffenslust leicht und frei. Der Bildhauer formt aus weichem Thon, während man dort, wo bereits die Thatsache fest gebaut hat, nur noch eiseliren kann. Gewiß, in aller Kunst ist das Wie die Hauptsache, aber mit der Freigebung des Was wird das Wie erst künstlerisch.

Bei einem Kunstwerke der Dichtung geht die Abwickelung rasch, ja fast plötzlich, während die Aufwickelung langsam und stetig ging. Es ist wie bei einem Ziehbrunnen: in langsamem Tempo legt sich Ring um Ring um die Walze, und aufgewickelt zieht es schnell ab. Auch im Geistigen gilt das Gesetz der Schwere; je näher der Stein der Erde, um so schneller fällt er; so auch beschleunigt sich der Rhythmus durch die natürliche Anziehungskraft der sich erfüllenden Geschicke. Die Aufgabe der Kunst aber ist es, dem Wirken der bloßen Naturkraft durch Hemmungen den Charakter der freien Beherrschung aufzuprägen, und dem Geist überhaupt selbständiger erscheinen zu lassen als er in Wirklichkeit ist.

Die Bewegung der Gegensätze, der Contrast, worin das Wesen des Dramas sich aufthut, zeigt sich in gegenüberstehenden Persönlichkeiten, Gruppen, Strebungen, und je strickter und schärfer faßbar der Gegensatz, um so entschiedener; und zuletzt kulminirt der Kontrast in einer und derselben Persönlichkeit und zwei Seelen streiten mit einander, nicht in äußerlich schaubaren Gestalten, aber hörbar in einer und derselben und schaubar in ihrem Hin und Her.

———

Allerdings ist das Wie in der Kunst die Hauptsache, aber dieses Wie ist nicht das Kostüm im weitesten Sinne als Sphäre des Vorgangs je nach Lebensregion und geschichtlichem Colorit, das Wie in der Kunst ist die eigentliche Qualitas, die die feinste Stofflichkeit ist.

Eine Hauptprobe der künstlerischen Qualitas eines Werkes besteht darin, daß man sein Objekt von allem Zeitlichen, Kostümhaften ablöse, aller Gewandung und specialen Bedingung entkleide. Bleibt nach dieser Ablösung noch ein überall und zu allen Zeiten Menschliches, Giltiges, Anziehendes und Bewegendes auch nur als Moment oder Motiv übrig, so ist das rein Natur- und Kunstgemäße vorhanden.

———

Das Wunderbarste bei aller Dichtung ist die Kraft, mit der der Dichter dem Leser die Zeit verändert, d. h. eigentlich die Zeit vertreibt in dem Sinne, daß er dem Jetzt eine ganz andere Zeit unterschiebt. Es ist Abends im Winter, der Dichter giebt dir einen hellen Sommertag. Nicht zum Bewußtsein kommen lassen, welche Zeit jetzt ist — nicht blos nach den gemessenen Stunden, sondern überhaupt — das heißt die Zeit vertreiben im buchstäblichen Sinne, das Leben von Tagen, Jahren in eine Stunde bannen, hinausversetzen in jenes Reich des Denkens und Empfindens, wo es keine Zeit mehr giebt, das heißt die Zeit vertreiben in höherem Sinne.

Der dramatische Dichter besonders hat dem Publikum gegenüber eine ideale Zeit; in diesen Stunden von 6—9 haben sich die Menschen hinausbegeben aus ihrem Raum und ihrer Zeit, nun darf die gemeine Uhr nicht dort herüber tönen; und darum auch ist es gleichgiltig, ob eine Handlung, eine Stimmung zu dieser oder jener Jahres- und Tageszeit vor sich geht, das Physiognomische im weitern Sinne, das auch hierin liegt, fällt auf der Bühne weg; die ganze Gestaltung ist von Bedeutung, nicht ihre physiognomische Besonderheit und so auch die Physiognomie der Stunde nicht.

Auch die freie Phantasie hat eine logische Linie, in der es noch Ueberraschendes giebt. Die Romantik, die die Freiheit als Willkür faßt, ist der vagabundirende Stromer, der nur Wanderbursch sein, aber in keiner Werkstatt ankommen will.

———

Die Einheit der Zeit, wie sie die Alten im Drama hatten, muß bei uns in anderm Sinne gelten. Die Alten hatten keine Taschenuhren, nicht jeder hatte seine isolirte Controlle in sich und bei sich; und noch jetzt muß Jeder, der in's Theater tritt, gewissermaßen wie beim Tempeleintritt, seine Taschenuhr ablegen und sich nach einer allgemeinen Zeit richten und ihr hingeben.

———

Die Alten hatten den Gedanken von der kulturgebenden, alles Wilde bezwingenden Kraft der Musik von der Erbauung Thebens bis zum Niedersteigen des Orpheus in die Hölle. Und jetzt! Das ist das Entsetzliche an der zum Modeputz gewordenen öden Clavierklimperei, daß an Veredlung durch die Musik dabei gar nicht mehr zu denken ist.

Die Romantiker konnten eine Schule bilden, weil Objekt und Behandlungsweise der Kunst nicht im eigentlichsten Sinne individuell war, es ging Alles aus einer Stimmung ähnlich einer Studentenverbindung hervor. Es gab einen Komment und mußte einen geben. Es waren viele tüchtige Kräfte da, aber keine bestimmende, hervorragend herrschende. Goethe konnte nicht Schule bilden im strengen Sinne. Von einem Riesen, heißt es, kann man nicht die Fechtkunst lernen.

———

Der Begriff „schön" wird nur uneigentlich auf die Wahrnehmungen des Geschmack- und Geruchsinnes angewendet. Man könnte Geschmack und Geruch als consumtive Sinne bezeichnen im Gegensatz zu denen des Gesichts und Gehörs, welche productiv sind. Die Wahrnehmungen des Geschmacks und Geruchs werden durch eine chemische Verwandlung des Objektes vermittelt, wobei die Stoffmenge sich vermindert; Gesicht und Gehör dagegen werden nur durch physikalische Bewegungen erregt; daher giebt es für diese wohl eine Ermüdung aber keine Sättigung wie bei den consumtiven Sinnen.

———

Die Plastik giebt die reine Form in materiellem Bestande; die Malerei die Farbe in Licht und Schatten; die Musik die freie Tonverbindung; die Dichtkunst in der Lyrik die innere Empfindung, die epische Dichtung die Folgenreihe von Ereignissen und Entwicklungen durch Vermittlung der Anschauung in der Phantasie. Das Drama allein hat durch die Verbindung der verschiedenen Künste die Fähigkeit, mehrere Sinne zugleich künstlerisch zu erregen.

In den bildenden Künsten kann es Helfende geben bei der Ausführung, seien es Schüler, seien es Genossen; der Dichter steht immer auf sich allein, sein Stoff ist das Wort, dessen Atmosphäre der Athem.

In ein Kunstwerk die Geschichte eines Kunstwerkes einfügen, in eine Erzählung die Geschichte eines Novellendichters bringen, das ist, wie wenn man einen Spiegel wieder mit Spiegelglas einrahmt; der Rahmen wirft falsche Lichter. Ein dunkles Holz oder auch ein Goldrahmen ist die gerechte Einfassung; das begrenzt, hebt ab, giebt feste Bilder.

𝔇as unsichtbare Grundmotiv, das einem zu bildenden Kunstwerke Halt giebt, gleicht der eisernen Stange, um welche der Bildhauer das weiche, knetbare Material des Thons aufbaut.

𝔚enn die Griechen das Gaslicht gehabt hätten, welche wunderbare Leuchter hätten sie dafür gebildet! Und wir?

𝔇ie auf öffentlichen Plätzen errichteten Statuen sehen leider oft so aus, daß der betreffende Gefeierte in seiner ganzen Stellung und Haltung sagt: Ich stehe Denkmal.

𝔚ie in den Ornamenten an Gebäuden aus der Rococozeit die Bildhauer den Stein wie Butter behandeln und allerlei Schnörkel damit ausführen, so giebt es auch Schriftsteller, die den harten Stoff fester Charaktere weichlich und kleinlich anstifteln.

Der Marmor ist ein so idealer Stoff, daß er dem widerspricht, Bänder und Flitter, Knöpfe und Knopflöcher damit wieder zu geben.

Giebelhäuser haben dadurch etwas Anmuthiges, daß sie die Selbständigkeit der Häuser zeigen, während aneinander gebaute Häuserfronten das Regimentirte, Unfreie und Abhängige darstellen.

Es giebt auch in der Architektur hohle Phrasen, rhetorische Floskeln, solche sind unsere heutigen Balkons in Städten, wo sie dem Klima widersprechen.

Da sind große offene Kamine mit marmornen Mänteln in den Stuben angebracht, von Blech nachgeahmte Kohlen mit Gluthspitzen und Aschenbedeckungen liegen darin, aber Alles ist falsch. Da ist kein Rauchfang dahinter, man kann nicht einheizen, sich nicht erwärmen. Das ist die Baukunst für die blasirte Welt.

Ein Gemälde kann man ganz in das gleiche Licht rücken, in welchem es geschaffen wurde, ein Werk der Dichtung nicht, die Fassung des Lichtes muß darin sein, die Stimmung, in der es geschaffen wurde, muß Stimmung gebend den Leser zwingen. Schließlich aber kann hier wie dort das Auge dem Beschauer und Leser nicht erst eingesetzt werden.

―――

An dem Gemälde eines Meisters, das eine große bewegte Handlung — und jede Bewegung ist vom Tone begleitet — darstellt, zeigt sich am schärfsten die Ablösung und Befreiung des Wirklichen zur schönheitsvollen Erfassung eines einzigen Sinnes. Und alles Volk sah die Stimmen heißt es 2. Buch Moses bei der Offenbarung auf Sinai. Von dem vollendeten Bilde eines Meisters läßt sich wiederholen: Man sieht die Stimmen.

―――

Es giebt gemalte Sonnenuntergänge, die man in Wirklichkeit nur blinzelnd sehen könnte. Und das macht Effekt, bleibt aber stets widersprechend und unschön. Die französischen Dichter thun Aehnliches. Sie malen Scenen und sehr genau im Detail, wobei man die Augen erschreckt zudrücken würde oder doch das Detail nicht sehen könnte.

―――

Es giebt Bilder, die so gemalt sind, daß sie erst in der Nachdunkelung des Farbenauftrages zu ihrer vollen und beabsichtigten Wirkung kommen, dagegen andere, die in einer Malweise gehalten sind, daß die Farben bei der Nachdunkelung verfließen und die Umrisse sich verwischen. Aehnlich geht es auch manchen Dichtern, zumal solchen, die die Farbe der Zeitstimmung vorherrschend betonen.

In Landschaftsmalereien, besonders in Licht- und Schatteneffecten, findet man oft so Frappantes, daß man ausrufen möchte: ach, das ist nicht wahr, nicht treu, ja fast nicht möglich! weil sich selten Jemand das Auge schärft und daran gewöhnt, die wunderbaren Mischungen und Metamorphosen zu beobachten. So auch in poetischen Erscheinungen rufen die Leute oft: das ist nicht wahr! während sie doch nur ein ungeschärftes Auge haben.

Soll aber der Maler und der Dichter immer nur das Allgemeine, Allen Kenntliche und Erklärbare und nicht nur einmal Dagewesenes, sein Gesetz in sich allein Tragendes darstellen dürfen? Das ist die moderne Romantik, und eben das ist die Klippe, daß man hier in's Gesetzlose, Maßlose und Unnatürliche ausarten kann.

Wo das gewöhnliche Auge nur eine einfache Farbe sieht, sieht das Künstlerauge noch Varietäten, und so löst der Dichter das eintönige „O" und „Ach" des seelischen Schmerzes in eine mannigfach gegliederte Skala von Leidempfindungen auf.

Es ist so gefährlich als schwer, Zeitereignisse dichterisch zu fassen, bevor diese an sich nachgedunkelt haben oder vielmehr in einer solchen Perspective erscheinen, daß sie dichterisch frei zu behandeln sind; denn wenn man — was doch der Dichter muß — eine lichte Gegenwart, eine Augenscheinlichkeit, eine Thatsächlichkeit frei gruppirt und wie nothwendig Fingirtes und Factisches in einander fügt, so muß einerseits das Thatsächliche als logische Nothwendigkeit und das Fingirte als scheinbare Thatsächlichkeit in Einklang gebracht werden.

―――

Ein Landschaftsbild gewinnt in der künstlerischen Wiedergabe dadurch am meisten anmuthende Lebendigkeit, wenn wir gewissermaßen darin umherwandeln können, die Wege und Stege finden, sehen, wo es darüber hinausgeht und darin auf und ab.

Der triviale Genremaler malt eine Scene, ein zufälliges, einzelnes Zusammentreffen, der echte Genremaler malt eine Geschichte, den Hochpunkt eines Lebens in seiner Nothwendigkeit, so daß man vor- und rückwärts den Personen ihre Geschichte absieht.

———

Die Aquarellisten dürfen nicht in die Tragik greifen; es giebt Künstler, die nichts von jenen starken massigen Oelfarben auf der Palette haben.

———

Es giebt Maler, die, wie die mittelalterlichen Schriftsteller lateinisch schrieben, jetzt noch lateinisch malen.

———

Figurenbilder mit aufgeregter Action an der Wand werden langweilig, weil sie eine ganz bestimmte Empfindung erregen wollen. Landschaften sind wie die Natur selbst anregend ohne Bestimmtes zu verlangen.

Es hat seine besondere Schwierigkeit, wenn ein Künstler eine mehrfach erscheinende, nach Charakter und Alter sich entwickelnde und sich umgestaltende Figur zeichnen will. Der Beschauer verlangt vor Allem ein Wiedererkennen. Der zeichnende Künstler hilft sich damit, daß er die Figur bald von hinten, bald in Halbprofil zeigt, und unwillkürlich stellt sich dadurch jene Drehbewegung und allseitige Beschauung dar, die ein Gesetz der dichtenden wie der bildenden Kunst ist.

Auch in anderer Weise geht's dem bildenden Künstler wie dem Dichter. Der bildende Künstler hat in sich die Vorstellung einer Figur, hat auch Modelle, Studienköpfe ꝛc., er beginnt zu zeichnen, macht Linien, Umrisse, und diese Linien bedingen dann aus sich die Weiterführung und Ausgestaltung von selbst. Die Figur steht, und es war unmöglich, daß er vorher hätte genau sagen können, daß sie so und nicht anders wird. Jene Schwierigkeit des Wiedererkennens und eigentlichen Wiedergebens derselben Physiognomie der ganzen Gestalt ist beim Illustrator nur augenfälliger als beim Dichter.

Wie selten sind Charaktere so gehalten, daß man einen Ausspruch, eine Handlung, eine Empfindung sofort als die nur der bestimmten Person angehörigen erkennt.

Wunderbarer Eindruck, den solch ein Bild an der Wand auf Menschen mitten in Konflikten machen kann! Das steht dem leidenschaftlich Bewegten ruhig und bestimmt entgegen und zeigt eigentlich: Was willst du? Was soll das? Sieh her! Darum ist auch das ruhig in sich Bewegte das ewig in der Kunst Geltende und Wirkende; das leidenschaftlich Ausgreifende dagegen macht keinen ständigen Eindruck, diese ausgestreckten Arme, niedergeworfenen und einander überstürzenden Menschen, das sind Anschauungen aus geschichtlichen Begebenheiten heraus, in müßiger Ruhe zu betrachten und aufzunehmen; sie sind geschichtliche Begebenheiten, nicht das ewig Geschichtliche, das wieder so in sich still, fest, nothwendig ist wie die Natur, aber nicht mehr. Nur wenn Blick dem Blick begegnet, verstehen sie einander.

Wenn man eine Melodie im Kopfe hat und kann sie nicht herausbringen, da nützt alles Besinnen nichts, man muß warten, bis sie Einem plötzlich einfällt. Und es geschieht unversehens. Das gilt von gehörten Melodieen in der Erinnerung sicher, es gilt aber auch von selbstgeschaffenen oder sich in uns bildenden.

Poesie und Musik geben die Empfindungen über Lebensgröße. Das ist Kunst.

Eine Rede ist wie ein in sich abgeschlossenes, nach Höhe und Breite dem einheitlichen Sehwinkel erfaßbares Bild in festem Rahmen. Es giebt aber viele Reden, die Ausschnitte aus einer Reihe von Vorträgen sind oder sein könnten; sie sind friesartig gehalten und man könnte morgen auf dies oder jenes wieder zurückkommen, ja man müßte es; ein „Fortsetzung folgt" ist dabei nöthig.

Es ist eine große Schwierigkeit, knappe epigrammatische Sätze in der Rede anzubringen. Der Hörer hat nicht Zeit sie zu kauen, wenn man so sagen darf. Es wird sofort ein anderes Gericht aufgetragen. Hier ist nun ein Hauptpunkt: eine wirkliche Rede soll nur Ein Gericht geben.

Was die Blume auf der Erde und für das Auge, das ist die Musik in der Luft und für das Ohr; das blüht und duftet, das klingt und tönt, ist nur schön, nur ein Wunder und trägt keine Frucht, die sich fassen läßt.

In der Musik finde ich die technische Bedachtsamkeit am meisten und faßlichsten ausgebildet, daß ein Thema in vielseitigster Weise durchgearbeitet ist; da kommt es wieder neu mit neuen Tonverbindungen aus Hindernissen und Gegensätzen heraus, sie bewältigend, sie zu eigen machend und das ganze Tongebiet auf das Eine sammelnd.

———

Mozart ist wie die Natur, ohne Spannung für einen Effekt. In seinen Melodieen ist etwas wie nie abständig werdender Wein oder auch wie das ewige heilige Wasser; viele Andere schmecken mir wie Punsch, erhitzend aber auch bald welk, besonders die Modernen. Sie sind mir immer wie Parfüm im Gegensatze zum Blumengeruch.

———

Ich habe mich verleiten lassen, eines von den frivolen Machwerken Offenbachs zu hören, und tagelang ging mir ein elender Refrain nach, beim Erwachen war er da und heftete sich an mich. Er haftete wie ein Geruch. Was wird aus Menschen, die Solches oft und oft hören?

———

Es giebt musikalisch hohe Töne, auf welchen sich kein Wort mehr deutlich artikuliren läßt.

In Possendramen sagt ein Männchen oder ein Weibchen das Wort „Zufriedenheit," „Hoffnung" und dergleichen. Sofort stimmt das Orchester an, und der Fleischer, der Friseur oder die Zimmervermietherin singt ein Lied mit einem Kehrreim, und sodann setzt die singende Zimmervermietherin ihre unterbrochene Arbeit wieder fort.

Es giebt auch Erzählungen mit Couplets, da wird die Gelegenheit wahrgenommen, um ein gar nichts in Bewegung setzendes Motiv einzuschalten, und das nennt man dann oft „schöne Stellen."

Einen ganzen Abend ein Ballet sehen, Decorationen, Menschengruppen und Musik — kein Laut aus der Menschenkehle, es ist als ob ein Theil der Seelenthätigkeit unterbunden wäre, man kommt sich selber stumm vor. Dieser sogenannte Kunstgenuß ist eine Anregung, wie sie dier Corruption liebt. Dieses Ablösen einer Kunst zu einer ihr nicht gebührenden Selbständigkeit ist im eigentlichen Wortsinn Corruption.

Programm-Musik! Wenn ich so lese: hierbei hat man diese und diese Gedanken und Bilder sich vorzustellen, ich sehe dann da nichts als Balletmusik zu Schattenbildern.

Auf dem Dorfe giebt es nur Straßen, keine Spaziergänge. Schön ist's, die Straßen, die zu Arbeitszielen führen, mit Bäumen zu bepflanzen, aber Nützlichkeit, Ziel und Zweck ist doch die Hauptsache.

Ich möchte die Kunst überhaupt und die Tendenzkunst damit vergleichen. Die reine Kunst ist ein Park zum Lustwandeln, nur schönes Gedeihen der Natur.

Es giebt auch Schleichwege zum Parnaß und es sind sonst wohl zu betretende. Es sind die Wege der Moral, des Patriotismus u. s. w., aber die sich auf solchen Wegen auf die Höhe der Kunst geschlichen haben, können sich als ungebetene Gäste nicht droben halten. Der Patriotismus als Kernpunkt einer Dichtung muß derart ins allgemein Menschliche gehoben sein, daß er auch von anderen Völkern nachempfunden werden kann. (So in Tell, Jungfrau von Orleans und Egmont.)

In den kleinen Kaufläden kleiner Städtchen hängen rothe Sacktücher, bunte Kattune; solche Muster macht kein geschmackvoller Fabrikant, sie sind aber populär beliebt. Auch in der Literatur geht es so. Eine gewisse Grellheit und Plattheit ist populär.

Die neumodische Art, die Berufsthätigkeit in den poetischen Produktionen zum Wesentlichen zu machen, ist falsch und darum vergänglich. Poetisch ist nur, was der Mensch als Mensch erlebt. Der Beruf darf physiognomische Besonderheiten geben, der Accent darf aber nicht darauf liegen, sonst geht den Schneider nichts an was der Schuster erlebt. Wenn man ehemals von Helden des Romans blos sagte: er ist Baron, Legationssekretär am Hofe von Thule, so war das eben so falsch, das gab Schemen und Schablonen, aber das andere Extrem ist eben auch Extrem.

Wen die Personen, ihre Eigenthümlichkeiten und ihre Genesis weit mehr interessiren als auffallende Lebensschicksale, scharfe Wendungen, der ist kein Dramatiker.

Manchen Humoristen dient der Humor nur dazu, den eigentlichen Mangel an rein poetischem Schwung und rein poetischer Andacht zu verdecken und andererseits Dinge und Themas und Personen, die sonst unerträglich wären, wie Pudel über den Stock springen zu lassen. Man versetzt durch den Humor sich und den Leser in eine souveräne Position und aus dieser sieht sich das tolle und eigentlich in sich nichtige Treiben gar vergnüglich und possirlich an. Der Leser ist dankbar, weil er selber immer Schnippchen schlagen kann, das Mitleid — die tiefste poetische Wirkung an sich — ist hier immer vornehmes Mitleid über den armen Schelm, den beschränkten Schwachen. Um sich vor sich zu retten, greift der blasirte Humor-Schreiber darum gern zu Tendenzen, die außerhalb der Poesie und ihres Reiches liegen.

Die Furcht vor Trivialität in der Kunst führt leicht zur Aufnahme des Ungeheuerlichen, Abnormen. Alles Einfache scheint schon behandelt, und doch liegt alle echte und dauernde Kunstproduktion nur darin, es wieder neu aufzunehmen.

Schlechte Schriftsteller, Modegecken suchen zu gefallen, gute suchen das Schöne darzustellen. In der Kunst vor Allem gilt: Trachtet nach der Schönheit und alles Andere wird euch werden.

Es ist frivol, tragische Motive einsetzen und sie dann dem Publikum zu Gefallen umbiegen und ausgleichen. Erste und letzte Pflicht des Dichters ist Folgerichtigkeit und Gerechtigkeit, und diese muß geübt werden ohne Ansehen der Person, d. h. auch ohne nach der Sympathie zu fragen, welche den Personen der Dichtung vom Leser gewidmet wird, und ein Gnadengesuch für dieselben begründen möchte.

In der modernen Dichtung, in der vielfach das Weibliche vorherrscht, ist auch die Naivität wesentlich in die weiblichen Figuren verlegt und doch verträgt sich Naivität mit fester Männlichkeit; sie ist eine elementare Kraft der Bethätigung und ein Attribut des eigentlich Heldenhaften. Dichter wie Kleist und Otto Ludwig, die die Manneswelt wieder in den Vordergrund der Dichtung stellen, haben auch ihren Heldengestalten das nöthige Maß von Naivität gegeben.

Es ist falsch und affektirt, eine Dichtung aus früherer Zeit in der Sprache dieser Zeit vortragen zu wollen. Das ist, als wollte ein Maler, der ein Bild aus der Geschichte malt, die Figuren in der Technik der damaligen Zeit halten und nicht in der fortgeschrittenen unserer Tage.

Läßt ja der Dichter die Menschen nicht in ihrer Landessprache, sondern in seiner eigenen reden. Hamlet spricht nicht dänisch und Don Carlos nicht spanisch.

...

Das Volk ißt saures Brod, trinkt Fusel und verdorbenes Getränk, Alles für gut; literarisch nimmt das Volk der sogenannten Gebildeten das Gleiche hin. Man könnte sich oft geärgert fühlen, für diese Masse anständige und sauber bemessene Arbeit zu thun, aber man thut sie ja eigentlich nicht für sie, und was in sich die Befriedigung hat, befriedigt länger.

———

Die Metamorphose der Pflanze ist ähnlich auch im Dichtwerk. Auch die Blätter sind Blüthen. Die Sensationsdichtung, die sich nicht bei Begründung der Efficienten aufhalten will, sondern Effect auf Effect häuft, zerstört die Blattbildung und will Alles in Blüthe verwandeln.

Unserm deutschen Leben fehlt es an einem Kontingent von typischen Gestalten und wird ihm so lange fehlen, bis wir einen historisch gewordenen politisch-nationalen Mittelpunkt haben, von dem aus das deutsche Leben überall verstanden wird. Daher die schablonirte sich selbst kopirende Erzählungsliteratur:

Der unbesoldete Assessor, d. h. der Studirte und zur Zwischenstation zwischen Student und auskömmlichem Gehalt auf die Warte Gestellte ist ein Typus, biegsam in seiner Halbfertigkeit zu allen Motiven,

der adelige Husaren-Lieutenant, der seine ganze Muße zu Abenteuern verbrauchen kann,

der alte Geheimrath mit goldener Dose und tombackenen Lehren.

die gebildete Beamtentochter mit eben soviel schwärmerischer Lyrik als praktischem Verlangen, unter die Haube zu kommen;

das stolze adlige Fräulein,

die tugendhafte Näherin, die verfolgte Unschuld, die nothwendig Waise sein muß.

die unglückliche Erzieherin.

der komisch eckige Schulmeister,

die treue Haut von einem Bedienten aus dem Geschlechte von Lessing's Just, jetzt in neuester Zeit der Fascinateur mit brennenden Augen, der schon sieben Weiber unglücklich gemacht hat, und dem Jede sich zu ergeben wünscht (ist am liebsten Maler oder Musiker),

das immense Herz oder unausgefüllte Weib als Gräfin oder Künstlerin, ist auch besonders beliebt als Wittwe.

Das sind so beiläufig die Typen, aus denen so oder so costümirt die Romane zusammengesetzt werden.

Ich habe noch nie gefunden, daß ein allzeit fertiger Citirmichel eigene Gedanken aus produktiver Seele habe.

Der Schmied, der das glühende Eisen hämmert, schlägt dabei auch manchmal, nur zur Abwechslung, zur Bildung von anderen Tönen auf den hellklingenden Ambos; das giebt neue Lust zur Arbeit, nicht immer die dumpfen Schläge auf das Eisen zu führen, sondern sich auch mit dem Handwerkszeuge Musik zu machen. Man könnte die erheiternde Kunst inmitten der blos aufs Nützliche abzielenden großen Arbeit der Menschheit als diesen hell klingenden Schlag auf den Ambos betrachten.

Worin liegt das allgemein und tief Fortwirkende von Defoës „Robinson Crusoe"? Odysseus hatte helfende Götter, der moderne Mensch muß Alles aus sich finden. Robinson ist der wachsende Mensch, Odysseus der fertige, sich bewährende. Die moderne Dichtung, die in der Atmosphäre der Naturforschung steht, hat ihre neue Aufgabe in der Darstellung der Entwicklungsvorgänge.

———

Bei allem Respekt, den man vor der vielseitigen Bildung und Geistesfreiheit Varnhagen's aus seinen Tagebüchern vor ihm haben muß, ist es doch eigentlich typisch, daß Varnhagen, so oft er in's Theater geht, immer den letzten Akt sich schenkt; er salvirt sich vor jeder zu großen Emotion, bleibt immer nur kühl ästhetisch betheiligt, macht sich je nach Laune davon, mit Einem Wort engagirt sich nie so, daß er compromittirt werden könnte. Er sieht sich das Theaterstück wie das Stück Weltgeschichte immer von seinem Logenplatze auf Numero Sicher an, er geht nach Lust und Laune davon und läßt die dort weiterspielen.

Der Künstler, vor Allem der Dichter, muß sich darauf verlassen und verlassen können, daß in der gegebenen Situation die entsprechende Melodie sich einfindet; die Structur des Ganzen kann und soll vorausgehen, jede vorher gesetzte Ausmalung, Ausempfindung, Melodienbildung nimmt sich sonst wie eingesetzt aus.

Jeder originale Mensch hat einen eigenen Dialekt des Denkens und Empfindens, der sich nicht in die gebräuchliche Gesellschaftssprache übersetzen läßt. Je flacher die Welt der Gesellschaft desto mehr wird die Gesellschaftssprache die Dinge erschöpfen und jede Abweichung als blos stylistische Affectation erscheinen.

Ein Philosoph ist leichter und mit minderer Schädigung in einen anderen Ort verpflanzt als ein Dichter. Der Philosoph hat es mit den allgemeinen Gesetzen des Lebens zu thun, der Dichter zunächst mit dessen besonderen Erscheinungen.

Der kundgegebene Beifall der Zuhörer, Zuschauer am Schluße einer künstlerischen Produktion ist eine gewisse Nothwendigkeit für den Producirenden, er führt ihn wieder in's Leben zurück, während er sich ganz aufgelöst in einen Empfindungsausdruck verlor, für den er sich momentan erhitzte. Der Beifall führt gewissermaßen wieder von der erhöhten Bühne hinab zu den freundlichen Lebensgenossen im Parterre. Man findet sich wieder als mitlebender Mensch in's gewohnte Dasein zurückgekehrt.

———

Der Beobachter des Natur- und Menschenlebens in wissenschaftlichem und künstlerischem Interesse verdient den Dank der Menschen, weil es keine sichtbarere Erscheinung der Selbstlosigkeit giebt. Es gilt hier, nichts von sich zu wissen, sondern ganz den Bewegungen des Objektes zu folgen und nur so weit Selbstbewußtsein behalten, daß diese Thätigkeit zu einem bestimmten Zwecke vor sich gehe und die Erscheinungen zu fixiren seien. Jener Starrblick des Kindes, das eine Spalte in der Diele, den Schaum am Zaum eines Pferdes unverrückt betrachtet und nicht von sich weiß, ist in Wissenschaft und Kunst zum Bewußten, Zweckvollen geworden.

———

Schriftsteller und Gelehrte erscheinen in Gesellschaft leicht eitel, weil sie, wenn sie überhaupt sprechen, nicht anders als eingehend oder angeregt sprechen können, und so der anders geartete Zuhörer leicht den Eindruck erhält, das geschehe nur, um Wissen und Denken auszulegen. Andere Künstler, andere Berufsarten bringen ihre eigentliche Thätigkeit nicht mit in Gesellschaft, sie aber haben das Wort, den Gedanken zum Objekt ihres Berufes und kommen leicht dazu, diesen in Gesellschaft fortzusetzen, ihr Instrument zu spielen und oft nur Probe zu spielen, und weil sie aus einem Hintergrunde einsamen Denkens heraussprechen, müssen sie weiter ausholen, motiviren und besser gehört sein.

———

Wie viel mal wird so ein Sims, eine Steinschwelle hin- und hergelegt, geworfen, getragen und geschoben, bis sie an dem rechten Orte ruht. Es ist, wie wenn das, was für lange Zeit dauern soll, auch viel Zeit zu seiner Einfügung brauchte.

Die Hauptkraft des Witzboldes besteht in der Nichtachtung der gegebenen logischen und ethischen Feststellungen und Gesichtspunkte, er stellt Alles auf den Kopf, es imponirt ihm nichts, es giebt für ihn nichts Positives, er sieht Alles im Gegensatz, würfelt mit Allem zu momentanem Gebrauch, Alles ist nur momentan und — der Witzbold selbst wird am leichtesten auch nur momentan; die Nichtachtung, die er der Welt gegenüber behauptete, wendet sich gegen ihn, er ist entsetzlich leicht abgethan.

Mit einem Witzbold eine logisch sich fortsetzende Besprechung führen wollen, ist als wollte man mit einem Affen schrittmäßig wandeln. Unversehens hockt er auf einem Fenstersims, auf einem Baum.

Man nimmt es Niemandem übel, der in Trauer ein Glas Wein trinkt, aber Musik hören oder machen, das verargt man ihm, weil eben den Meisten die Kunst nur gemeiner Zeitvertreib ist.

Es giebt keine Geschichtschreibung, die eigentlich das volle Leben wiedergiebt, Alles ist nur steifer Niederschlag, Verhärtung, Tonlosigkeit. Hier tritt die Dichtung nothwendig ein, die den Ton vor Gericht stellt, das Vergänglichste, Unfaßbarste. Das volle tönende Leben läßt sich nicht in der Geschichte schreiben, wie sich keine gesprochene Sprache in ihrer Tonbewegung durch Zeichen figiren läßt, wie es keine geschriebenen Vokale für den Dialekt giebt.

Die Geschichte ist vielfach nur der ausgebälgte Vogel, der einstmals frei schwebte, da ist Gefieder, wohl auch Gerippe, aber das freie Schwingen und Schweben in der Luft und vor Allem der Sang fehlt.

Wie es ein Waldweh, eine Sehnsucht nach stillem Wandern und Lagern im Walde giebt, giebt es auch ein Stadtweh, ganz abstrakt, nicht nach besonderen Menschen, sondern nach dem Gefühl einer großen Gemeinsamkeit; hier sind die Stätten gebildeten Lebens, Genießens, Schaffens.

Das Kunstleben ist unsere zweite Natur, und auch nach dieser giebt's eine Sehnsucht, die nicht minder berechtigt ist.

In das ausgebreitete Netz einer Spinne flog eine Blüthe vom Baum. Die Spinne rümpft die Nase, nimmt sie zwischen die Vorderfüße. Was soll ihr die Blüthe!

Vom höhern Leben.

Natur und Geschichte sind Vater und Mutter jeder Menschenseele. Je stärker nun die Natur ist, je weniger sie sich von den geschichtlich gegebenen Stoffen bewältigen läßt, vielmehr dieselben ordnet, umschafft, neu bildet, um so mehr Genie ist der neue Mensch.

Das, was Goethe als Weltliteratur heischte, hat mit der Einschränkung, daß ein literarisches Kunstwerk in den Gemüthsbereich einer andern Nation frei importirt werden könne, seine volle Berechtigung. Man muß nur scheiden zwischen dem Begriff des Kosmopolitischen und des Humanistischen. Das nationale Gepräge eines Kunstwerkes ist kein Hinderniß seiner allgemeinen Aufnahme, wenn nur unter dem Zeitlichen und Oertlichen so viel allgemein Menschliches ist, daß es Jedermann und jederzeit anmuthet.

Giebt es eine ewige Wahrheit? Ja, eine ewige Schönheit? Ja.

Aber ihre Fassung mehrt und ändert sich. Die nachfolgenden Geschlechter sind nicht zum bloßen Aufnehmen des Gegebenen verdammt.

———

Die Eigenthümlichkeit und allgemeine Bedeutung dessen, was eine Nation oder ein Volksstamm producirt und leistet, läßt sich auch oft danach bemessen, was fremde Völkerschaften davon importiren und sich zu eigen machen oder Ausgewanderte besonders bewahren.

———

Die Bibel in ihrem großartig poetischen Gehalte wird oft wegen der Ausleger gar nicht mehr in ihrer Erhabenheit und Einfalt erfaßt, ja von Manchen widerwillig betrachtet, wie man oft ein Volk unbillig beurtheilt, weil seine Regierung seit langer Zeit schlecht, wie man ein mißleitetes, verdorbenes Kind nicht leiden mag, das doch nur seine Erzieher verdorben haben.

———

Wir sehen die griechischen Göttergestalten jetzt in ihrer rein künstlerischen Schönheit, sie sind uns nicht mehr Götter. So wird einst die dichterische Schönheit der Bibel voll gesehen werden, wenn sie nicht mehr Untergrund für Dogmen und Predigten sein wird.

Religiöse Erkenntniß, Schönheit, logische Vernunft, — dafür haben die drei Völker der alten Welt Weitwirkendes gegeben; die Juden die Bibel, die Griechen den Homer und die olympischen Göttergestalten und die Römer das corpus juris. Von den Völkern, die noch geschichtlich fortwirkend bestehen, läßt sich ein gleich Festes nicht bezeichnen.

Was die Italiener des 15. Jahrhunderts durch Wiedererweckung der Schönheit, die Deutschen durch die Reformation, die Franzosen durch Feststellung der Menschenrechte in der Revolution leisteten, erscheint nur als Befreiung von ästhetischer, kirchlicher und politischer Corruption. Das eigentlich ursprünglich Positive, was die modernen Völker in Philosophie, Naturwissenschaft und Dichtkunst zur Mehrung des menschlichen Besitzstandes hervorgebracht, ist noch flüssig in vielfältigen Einzelerscheinungen und hat sich noch nicht zu einem zusammenschließenden festen Gebilde krystallisirt.

Griechen und Juden gingen als staatliches Gemeinwesen zu Grunde und wurden dann die wirkungsvollsten Bildner der Allgemeinheit.

———

Nur die Völker, die Entdeckungen machen, haben eine Zukunft der Cultur.

———

In allen Gebieten menschlichen Seins und Wirkens macht sich bald eine Tradition breit; was ehedem Ausdruck des Zeitbewußtseins war, wird geerbt. So die Tradition als Dogma in der Kirche, der pathetische Ton im Theater, die Manier in allen Kunstgebieten, die sich nicht blos auf die Behandlung des Stoffes erstreckt. Und doch ist die Tradition nothwendig, wir müssen die Hinterlassenschaft der Vergangenheit antreten; aber die meisten Menschen sind Erben der Vergangenheit, wie der Kornspeicher Erbe des Ackerfeldes ist.

———

Die Seelen Friedrichs II. und Lessings, Schillers, Goethes und Kants sind Substanz des deutschen Volksgeistes geworden, — nicht faßbar im Einzelnen.

Ein Volk, das die großen Männer seiner Geschichte nicht hochhält, ist wie ein Mensch, der seine Eltern verleugnet.

Nicht das Geistreiche, nur das Weise erbt sich fort von Mund zu Mund als heilige Tradition.

Das erwachsene Thier kennt seine Eltern nicht. Das Thier hat keine Geschichte. Der Mensch, der von seinen Eltern weiß, steht in der Kette der großen Vergangenheit der Menschheit.

Es erbt sich eine ewig unbezahlte Schuld fort von Kind zu Kind. Kein Kind kann den Eltern ihre Sorgen und Mühen entgelten — die freilich ihren Freudenlohn in sich haben —, und so geht das von Geschlecht zu Geschlecht, und das ewig Ungetilgte macht Alles zur Einheit.

Du verstehst den Weltzusammenhang, aber nicht das Einzelleben, die Nothwendigkeit seiner Schicksale. Die Naturforschung kann den Lauf eines Sternes auf Jahrtausende hinaus berechnen, aber nicht den Gang eines Menschenlebens.

———

In der Natur giebt es kein Gut und Böse. Jedes Naturwesen thut, was es kann, und das ist nichts Böses. Den Menschen bestimmt aber nicht nur sein Können, sondern auch sein bewußtes Wollen und Sollen. Er kann aus eigenem Antrieb oder nach gegebenem Gesetz Dinge unterlassen, die er thun könnte, und hiermit beginnt das menschlich-sittliche Leben.

———

In der moralischen Welt ist das Dogma der Gnadenwahl faktisch da. Es kann keine Erziehungskunst Güte in die Seele pflanzen, so wenig man physisch einen Glanz der Milde in's Auge bringen kann, der nicht da ist. Wohlwollen ist eine Natur-Tugend.

———

Der Vogel in der freien Natur singt keinen Mißton, sein Gesang ist nur ihm selbst genehm und gemessen; er singt für sich, unbekümmert um Andere um ihn her, und kennt auch keinen Mißton von außen. Sobald das Harmonisiren mit sich und Anderen beginnt, entsteht auch nothwendig die Dissonanz. Der Mensch, der sein Denken und Empfinden so hinaustönen ließe wie der Vogel, hätte keinen Mißton in sich und mit Anderen; indem er zurückhält, indem er hört und mit sich vereinbart, entsteht der Mißton mit sich und Anderen.

Der Mensch allein bewirkt und thut etwas, statt blos Nahrung zu suchen, und er muß es für Andere thun; das bildet den Zusammenhang der Welt. Wann denkt er an den aus der Arbeit sich ergebenden Lohn? Ich glaube, inmitten der Arbeit Niemand, selbst der Holzhauer nicht; da will die Sache gethan sein. Ob aber vor- oder nachher, Motiv oder Resultat, das bildet den Unterschied der Menschen.

Unbefriedigtheit ist die Quelle vieler Leiden, aber auch die alles Fortschrittes im Leben des Einzelnen und der Völker.

Dieselbe Arbeit wiederholen und immer wieder — das erst ist Arbeit; alles Andere ist Lust, Liebhaberei. Die Natur wiederholt sich im Gesetz, der Mensch in der Pflicht.

Nicht im Auszeichnenden liegt die Würde eines Berufs, sondern in der Bewährung des rein Menschlichen, die in jedem Beruf möglich ist.

Wer um einer Idee willen seine Kraft in Bewegung setzt, tritt in die Region des Genies, so klein und unscheinbar auch sein Berufskreis sei.

Wird die Philosophie Sittengesetze bringen können, die sich auf zwei Tafeln in Stein schreiben lassen, wie die zehn Gebote? — Die Bildung kann ihrem Wesen nach nicht dogmatisch werden.

Man hält es für einen kleinen Schritt, aber es ist ein großer, durch den man zum ersten Mal zu der Einsicht gelangt, daß es wirklich dumme Menschen giebt, denen ein Verständniß nicht zu öffnen, eine nachhaltige Maßnahme nicht beizubringen ist.

Aus dem Unglauben an die Dummheit ärgert man sich oft über dieselbe, und warum? Weil uns die Wahrnehmung derselben dann stets überrascht. Man hatte das Haften einer Erkenntniß, eine Folgerichtigkeit erwartet und ist getäuscht.

Dumm kann nur der Mensch sein; das Thier ist nicht dumm, es lebt in der Stetigkeit und innerhalb der Grenzen seiner Naturbestimmung. Thiere mit Gewöhnungen, Abrichtungen, die über ihre angeborenen Funktionen hinausgehen, können uns auch als dumm ärgern, weil sie zeitweise unseren Uebertragungen nicht entsprechen.

Ein großer Irrthum der Pädagogen ist, aus einem einzelnen Fehler sofort eine allgemeine Lehre zu machen. Das hebt die Erkenntniß des einzelnen bestimmten Fehlers auf.

Es ist ein wunderbarer Schritt der geistigen Entwickelung, wenn ein Kind an seinem eigenen Körper rechts und links unterscheiden und bezeichnen lernt, es prägt sich eine reine und nicht blos sachlich zu begreifende Unterscheidungsform von großer Bedeutung ein; denn sobald man das denkende Subjekt wegnimmt, giebt es kein Rechts und Links.

Ist es gut, daß ein Kind schon in früher Jugendzeit an einer einzelnen Persönlichkeit lerne und erfahre, daß nicht alle Menschen vertrauens- und liebenswerth sind? Es mag nützlich sein, um gegen die nicht ausbleibende Unbill des Lebens zu stählen, um zu lehren, daß nicht alle Menschen in gleicher Weise zu behandeln und in Liebe zu umfassen sind, aber das Paradies des Daseins ist dadurch zerstört.

Eine fremde Sprache lernen und gut sprechen giebt der Seele eine innere Toleranz; man erkennt, daß alles innerste Leben sich auch noch anders fassen und darstellen lasse, man lernt fremdes Leben achten.

Wie fruchtbar wirkt es auf ein Kind, wenn es in natürlicher Wißbegierde etwas fragt, und man ihm darauf antworten kann; das geht ein, wirkt tief nach. Der Hauptfehler unseres Schullebens besteht darin, daß man zu essen bekommt, wenn man gar nicht hungrig ist, da schmeckt's nicht recht und gedeiht noch viel weniger. Die Hauptkunst der Pädagogik bestände in Hungrigmachen nach dieser und jener Erkenntniß.

Hier ließe sich auch der Spruch anwenden: Lasset die Kindlein zu mir kommen. Das Kommen, von selbst Wollen, ist das Fruchtbare, nicht das Drängen, Antreiben und Führen.

Die schwierigste Aufgabe des Erziehers besteht darin, daß jedes träumerische Selbstvergessen, jedes abgeschiedene in sich leben und nun gar alles mit sich selbst zu thun haben in ihm überwunden sein muß. Fortdauernd auf dem Anstand stehen, wobei man natürlich auch manches Wild laufen lassen muß, weil es nicht jagdbar, oder überhaupt nicht des Schusses werth; das eigene Leben immer nur oberflächlich behandeln und stets oder doch wesentlich ein fremdes im Auge haben, dazu gehört eine in sich fertige, geschlossene und in Liebe opferfreudige Natur.

Das Schwierigste in der Erziehung der Mädchen liegt darin, daß sie zur Individualität erzogen und doch wieder so gehalten werden sollen, um großentheils in eine fremde Individualität aufzugehen; sie müssen sogar ihren Familiennamen aufgeben und sich drein finden, anders gerufen zu werden.

Macht Bildung die Menschen glücklicher? Gewiß, wenn sie in Kenntnissen besteht, die zu Charakter, Gemüth, Wille und Einsicht geworden. Benimmt sie nur die Unwissenheit, so wird sie zum Verderb. Ein Mann aus dem Volke, der das, was er weiß, wirklich begreift und mit dem Ganzen seines Seins und Handelns in Einklang zu bringen vermag, ist gebildeter als ein bloßer Vielwisser.

Das höchste Resultat der Erziehung ist der Gleichmuth.

Liebe deinen Nächsten! Wenn du keinen Nächsten mehr zum Lieben hast, ist dein Leben todt.

Alle gebende Liebe ist unerschöpflicher, alle empfangende leichter ersättigt, alle produktive Kraft überschüssiger als das Produkt. Das ist's, was die Mystik des Sohar mit dem Gleichniß bezeichnet: „Das Kalb saugt immer weniger als die Kuh gesaugt sein will."

Der theilnehmenden, mitempfindenden Seele wird es schwer, die Grenzlinie inne zu halten, wo die verdrußbringende Einmischung in die Sache Anderer beginnt. Heller Kopf und warmes Herz wollen sich selten zusammenfinden.

Nur wer gegen Ungekannte wohlwollend ist, ist in der That wohlwollend.

Mit einem braven Mann, der Unrecht gethan hat, habe ich tiefes Mitleid.
Ich glaube, das ist ein Ton aus jenem großen Urwort: „Liebet eure Feinde".

Alle Liebe der Menschen muß erworben, erobert und verdient, über Hindernisse hinweg erhalten werden; die Mutterliebe allein hat man immer unerworben und unverdient.

―――

Hingebung — Wegwerfung. Wenn du in der Freundschaft dich zu leicht und ungefordert hingegeben hast, so erscheint sie durch die läßliche Hinnahme des Andern wie Wegwerfung.

―――

Als ein begehrenswerthes Loos, schön und gut, erscheint es oft, in einer vollen ganzen That sich aufbrauchen und dann sterben zu können. Aber der Zusammenbruch deiner Lebenskraft ist kein plötzlicher. Die übermüthige Selbstentäußerung rächt sich leicht an dir und läßt dich die noch beschiedenen Jahre hinsiechen, dir selbst entrückt und der Welt zur Last.

Wer Rache übt, verdirbt mit dem Andern auch sich.

―――

Die schwerste Kunst ist, die Menschen lieben, ehren, achten und doch nichts von ihnen erwarten, Alles, was du empfängst, als reines Geschenk des Glückes zu empfangen.

Wem Böses angethan worden, sollte der nicht sagen können: Die Schlechten haben aus ihrer Natur gehandelt, warum ihnen zürnen? Was liegt daran, daß eben du das erleiden mußtest?

Wenn aber das dir Widerfahrene ein allgemein Verderbliches ist, so daß die sittliche Welt nicht bestehen könnte, wenn Jeglicher so handelte, dann mußt du dagegen kämpfen. Dann gilt von den Giftseelen das Wort: „Sie sind giftig wie die Schlangen und müssen ausgerottet werden wie die Schlangen".

Die feine Lebensart, das, was man Noblesse des Benehmens nennt, wirkt stellvertretend oft das Gleiche, wie die innere Güte. Die Wohlhandlung hat da nicht das Wohlwollen zum Grunde, vielmehr nur die gute Gewöhnung.

Liebe ist eine von Natur angeborne, Haß eine durch Conflikt entstandene Seelenstimmung. Die Liebe idealisirt den Gegenstand ihres Affektes und sucht sein Leben zu erhöhen; der Haß karrikirt das Gehaßte und sucht seinen Bestand zu mindern oder ganz zu vertilgen. Der Haß drückt sich am schärfsten in dem Sprüchwort aus: Er gäbe ein Auge drum, wenn der Andere kein's hätte.

Der Haß kann vererbt werden, die Liebe nicht.

Eine Aussöhnung hinterläßt mindestens in der ersten Zeit ein Gefühl der Verfremdung. Man war dem Freunde fremd, wollte und mußte es sein, und da ist man nicht so rasch wieder bei und mit ihm daheim.

Am wenigsten vermag unser Wille über das Gedächtniß. Was willst du in Erinnerung behalten, was nicht? Du kannst es nicht bestimmen und doch ist die Erinnerung, die bewußte und unbewußte, der bestimmende Grund für Handlungen und Empfindungen. Vergeben und Vergessen! Vergeben ist ein Akt des Willens, Vergessen nicht.

Bist du Gottes Sohn, so erlöse dich. — So ruft die Welt jedem ringenden und an's Marterkreuz der Lebenssorge geschlagenen Genius zu.

Und hat sie nicht ein Recht, so zu rufen? Giebt es ein anderes Wahrzeichen der göttlichen Sendung, als sich selbst aus Schwere und Gebundenheit erlösen?

Ist das Licht in der Seele eines Menschen wie ein unfaßbarer elektrischer Funke, der sich nicht festhalten läßt, der aufblitzt in Entschluß und That? So lange kein Gewitter am Himmel ist, schicken wir frei nach unserem Willen den Funken durch den ausgespannten Draht; sprechen aber die großen ewig unbewältigten Urmächte drein, dann hört das Menschenwort auf, von selbst fahren die Funken auf den leitenden Drähten dahin: das Chaos spricht Unfaßliches.

Es giebt eine frisch gesammelte innere Entschließung, die die Seele schon im Voraus mit jener Sättigung erfüllt, die erst der vollbrachten That zukommt, ja diese Vorerfüllung ist noch mehr und unermüdeter als die wirkliche äußere Erfüllung.

Den Glaubenssatz versteht Jeder nach seinem eigenen Sinn, wie Jeder in seiner ihm allein angehörenden im letzten Ton unnachahmlichen Stimme spricht. Die That, die gerechte, die schöne, die freie That allein kann nicht gedeutet, kann nicht mißverstanden, von Einzelnen nicht verändert werden.

Die bewußte freie That allein bestimmt Werth und Unwerth des Menschen; erhabene Gedanken erhöhen, schlimme erniedrigen ihn nicht, wenn er jene nicht zur That machen konnte, und wenn er diese vor der That in sich vernichtete.

Wer nicht bewußt und muthig den Kampf des Daseins auf sich nimmt, der muß die Angst des Daseins auf sich nehmen.

Wer sein Lebenshaus zu schnell und leicht baut, muß sich gefaßt halten, daß jeder vorüberfahrende Wagen ihm sein Heim erschüttert.

Viele Bedrängnisse im Leben sind wie unheimliches Wetter draußen. Von der Stube aus, in abgesperrter Atmosphäre betrachtet, scheint es unerträglich, aber draußen, mitten drin wirkt es auf den an sich Gesunden erfrischend.

Es giebt eine Dogmatik der Sitte, die eine große unumstößliche ist, von der sich Niemand ungestraft dispensiren darf. Wie man in Erhitzung nicht trinken darf, so darf man auch in Gemüthsbewegungen, die das ganze Wesen aufwühlen, in Zuständen der Trauer, des Unglücks, nichts Lebenbestimmendes festsetzen. Es sind Zeiten gesetzt, nach denen das erst sein darf, und wer sie überspringt, muß sie doch wieder nachholen, und es kann dadurch ein Schaden in der Seele angerichtet werden, der gar nicht mehr gut zu machen ist und an dem man lebenslänglich kränkelt.

Wer das Gefühl hat, nicht ganz brav zu sein, etwas zu haben, was er verbergen muß, der erschrickt leicht und ist leicht verblüfft. Die diplomatischen Naturen erschrecken deshalb nicht, weil sie stets im Gefühle stehen, daß der Andere nicht minder zu verbergen hat.

Wer sich sagen kann: ich darf ganz wahr sein — der ist im Rechten.

Wer einen dunkeln Fleck im Auge hat, sieht diesen als dunkeln Fleck außer sich.

Die Lüge ist eine Frucht der Furcht. Das Bewußtsein, sich in einen Gegensatz zum Rechten gebracht zu haben, sucht sich heraus zu retten, und die Tradition des Schicklichen und Herkömmlichen macht lügnerisch. Die ersten Menschen der biblischen Tradition logen aus Furcht.

Wie im isolirten Naturzustande Jedes thut, was es kann ohne Sünde, so ist innerlich alles Denken und Empfinden an sich gut und unschuldig. Erst durch den Gegensatz und die Nothwendigkeit der Gemeinsamkeit tritt die Lüge, der Widersinn ein, aber auch das Sittliche; denn der Mensch ist erst menschlich und sittlich durch die Gemeinsamkeit.

Fleiß und Wahrhaftigkeit, Trägheit und Lüge sind vielfach in einander und erscheinen nur als zwei Momente derselben Substanz. Fleiß ist Wahrhaftigkeit vor sich selber, thätige Bewegung der Kraft, Trägheit beschönigt sich vor sich und vor Anderen und erscheint als Lüge.

Auch in die Tugend des gemeinnützigen Strebens kann sich Selbstsucht einschleichen. Der echte Edelsinn aber freut sich eben so sehr, wenn etwas Gutes, das er bewirken wollte, durch einen Andern geschieht, als wenn er's selbst gethan hätte. Es kommt immer wieder Alles darauf hinaus, daß wir erkennen, das menschlich Sittliche beruht in der Gemeinsamkeit.

Wehe dem, der jeden Tag sein Leben, die ganze Welt für sich neu aufbauen muß. Die Sonne leuchtet ihm nicht von selbst, denn neben ihm ist Tod und Finsterniß. Wer auf die Sonne in einem andern Menschen zu warten hat, der zerstreut vergebens die Nacht, das Chaos; plötzlich ist Nacht und Chaos wieder da.

Ich habe einem Menschen in's Angesicht gesehen, der mir zuerst etwas verhehlte, dann gradaus etwas vorlog; es zuckte keine Miene in seinem Antlitze, ich fühlte ein Beben in mir, denn ich log ja selber, ich hatte nicht den Muth ihm zu sagen: du lügst.

Wenn ein Teufel in der Luft schwebte, er hätte seine Freude daran haben müssen, wie da zwei Ebenbilder Gottes dreinsahen.

Welche von beiden ist die wohligere Empfindung: die, etwas Rechtschaffenes gethan zu haben oder die, ein begangenes Unrecht mit Ueberwindung wieder gut gemacht zu haben? Jenes ist das Gefühl der Sättigung, dieses wie das Gefühl der flüggen Gehobenheit nach einem langentbehrten erfrischenden Bade. Aus dieser genußreichen Einkehr und Umkehr nach dem Sündenfalle erklären sich vielerlei Erscheinungen im Kirchenthum.

Die Wiederaufrichtung der gebeugten und gefallenen Natur durch die innewohnende eigene Kraft ist ein durchgehender Grundzug in den dramatischen Dichtungen Heinrichs von Kleist.

Die Pfahlwurzel der Freundschaft ist die gemeinsame Liebe zur Wahrheit.

Der energische Uebelthäter imponirt nicht nur Anderen, sondern auch sich selber durch seine Willenskraft; sein Weltgefühl geht ganz in seinem Selbstgefühl auf.

—

Du sollst dem Blinden nicht von der Farbe reden. Aber wer ist der Blinde, wer der Sehende? Von dem Augenblicke an, wo du darauf verzichtet hast, eine gewonnene Erkenntniß Anderen mitzutheilen, hast du dein Bestes aufgegeben.

Resignation auf eigenes Glück ist schwer, aber Resignation auf Beglückung Anderer ist ein Bannspruch, der das Leben öde und heimathlos macht. Denn obschon du weißt, daß dir selber die Erkenntniß weniger genützt hat, als das angeborene Wesen, hast du doch stets die Hoffnung zur Erkenntniß, sie werde Anderen nützen, wenn sie ihnen nur recht offenbar würde. Wir klammern uns an abstracte Wahrheiten, auch wenn wir noch so sehr fühlen, daß nur derjenige Theil derselben, der in unser gewohnheitsmäßiges Sein übergegangen, wirklich unser eigen geworden ist.

Der Selbsterhaltungstrieb und das Recht der freiesten Selbstentwicklung geht nicht ohne Verletzung und Hintansetzung coexistirender Rechtsgebiete oder ohne Rücksichtslosigkeit vor sich, und die Frage um das Bemessen des Guten besteht eben in der gerechten Abwägung. Jeder bedeutende weit und allgemein wirkende Mann muß von sich abwerfen, was die freie Entwicklung seines Naturells hemmt. Das geht nicht ohne Verletzung Anderer ab. Wer eine höhere Mission zu erfüllen hat, muß über die geringere Rechtssphäre wegschreiten. Das Bessere ist der Feind des Guten. Die Frage und Aufgabe oder das Problem ist nur, wo und wann ist das Bessere, das der Feind des Guten sein darf. Starke Naturen fühlen das in sich, der Muth kann höhere Tugend, kann aber auch Laster werden. Ein Kriterium kann darin gefunden werden, ob das, was der Einzelne will und nur mit Verletzung bestehender Verpflichtungen oder Rücksichten durchführen kann, ein Egoistisches ist, oder ein über die Persönlichkeit hinaus Gemeinnütziges. Aber das löst die Frage noch nicht; denn der Despot, der Tyrann kann ebenfalls Gemeinnütziges wollen. Die Frage ist daher noch nach vielen Seiten offen.

Die belebte Menschengemeinschaft hat das Gute, daß Störung und Widerspruch sich leichter in ihr verwindet und überwindet. In der Einsamkeit erschreckt nicht nur jeder disharmonische Ton von außen, er klingt noch lange nach. Die Einsamkeit erhöht die Empfänglichkeit für reinere und feinere Fassung des Lebens, aber auch die Reizbarkeit; sie schärft das Ohr, macht es aber auch empfindlicher und verletzlicher.

———

Nichts ist peinlich ermüdender, auch in der Nachwirkung, als eine leere, zwecklose Gesellschaft. Es ist Einem zu Muthe, als ob man mit hölzernem Hammer auf Steine geschlagen hätte, unnütze Arbeit, und hätte man ein scharfes Werzeug, es würde stumpf.

———

Im Gesellschaftsleben ist die Etiquette, was im Kirchenleben die Ceremonie; beide gingen aus einem innern Bedürfniß hervor, werden aber äußerlich und hohl, sobald man das, was damit ausgedrückt werden soll, vergißt oder verschmäht.

———

Menschen, die ein ödes, nichtiges, auf Zeitvertreib gestelltes Dasein führen, die kein Leben in sich und im Alleinsein kennen und stets nur auf gesellschaftliches Ausleben mit und von Anderen warten, solche Menschen haben eigentlich einen stillen Haß gegen alle in ihrer Selbstheit und innern Arbeit ruhende Naturen, sie maskiren diesen inneren Widersatz gern, er kommt aber unversehens heraus. Sie müßten sich selbst verachten, wenn sie den Anderen anerkennen wollten, und Selbstverachtung ist die schwerste Aufgabe.

Manche Menschen machen es mit ihren Sommeraufenthalten wie es in den Concerten hergeht, siebenerlei Musikstücke auf einmal; hier muß Alles gehört, dort Alles in einem Zug gesehen werden, täglich Anderes; hier wie dort fehlt das Einleben und Durchempfinden des Einzelnen, es bleibt kein nachhaltiger Eindruck.

Es ist ein seltsames schweres Gefühl, Menschen, denen man lange Zeit Hohes zumuthete, plötzlich klar als platte Naturen zu erkennen. Es hat aber sein Gutes, man echauffirt sich nicht mehr darüber.

Eine tiefe unerschöpfliche Quelle von Selbstquälerei und Verstimmung und Gekränktheit liegt darin, daß man oberflächlichen Naturen irgend ein Grundsätzliches und Gewolltes zumuthet. Alles ist ihnen ja nur Conversation, momentane Anregung, Zeitvertreib, weiter nichts. Sie sind aber darum nicht böse. Soll die Lerche sich über den Sperling grämen, oder ihm vorwerfen, daß er nur kurze Flugkraft hat?

Es giebt auch Menschen, die eine Art Metronom sind, das macht keine Musik, zeigt keine bestimmte Stunde an und ist doch das Maß für die meiste Musik, und alle Composition muß sich darnach richten. Es sind das prosaisch exakte, aber eben dadurch sehr nothwendige Naturen.

Haben und Sein. Es giebt Menschen, die goldene Sparkassen haben und nichts darin als etwa Spielmarken, und Andere, die in irdenen Gefäßen Schätze sammeln. Jene verwenden Alles auf den Behälter, diese müssen erst zerbrochen werden, damit man zu ihrem Inhalt komme.

Ehedem in Gewohnheit und hergebrachtem Verkehr werth gewordene Menschen nun beziehungslos flüchtig wiedersehen und keine rechte Anknüpfung finden können, das giebt die Probe des ganzen Verhältnisses und seiner Bedeutung. Es ist wie ein Baum, eine Gegend oft nur im Blätterschmuck und Sonnenschein anspricht, das echt Schöne muß in der ganzen Structur echt und schön sein.

Ich habe noch keinen Menschenverächter gefunden, der aus niederen, das heißt armen Verhältnissen stammte. Wer aus sich sein Ideal geschaffen oder doch sich zu etwas gemacht hat, der glaubt an die Menschen; wer als Erbmensch aufgewachsen ist, hat das nicht.

Es giebt Menschen, die in ihrem Anschluß, in ihrer Anlehnung an Personen und Sachen ihren Schwerpunkt nie aus sich heraus auf ein Anderes verlegen. Stürzt oder weicht nun das, worauf sie sich lehnen, kommen sie nicht zum Fall, kaum zum Schwanken. Die Gradverschiedenheit macht diese Naturen weltklug oder weise.

Tiefere poetische und philosophische Naturen sind selten oder nie Bonmotisten. Diese sind vielmehr die Sprudel- und Schaumgeister.

Den Witz als ständige Geistesnahrung betrachten, das heißt Sauerteig als Brod backen wollen. Nur im guten, süßen Teig ist er richtige Triebkraft aber nicht Nahrungsstoff an sich.

Es giebt Tage, wo dir Alles, was du in die Hand nehmen willst, aus der Hand fällt, und so giebt es auch Tage, wo dein Geist nichts fassen kann, keinen festen Gedanken, keinen Entschluß; hab' Geduld, laß solche Tage in stiller Gewöhnung vorübergehen, deine Fassung, dein Festhalten, körperlich und geistig kommt schon wieder.

Hätte der Hirtenknabe nicht seine Lust an der Peitsche und das Glück, daß er knallen darf und daß das weithin schallt, er hielte das einförmige Leben nicht aus.

Man baut die Schiffe auf trockenem Lande. Man könnte das auch als Sinnbild der abstrakten Wissenschaft betrachten. Nicht inmitten der Strömung und doch für sie vorbereitet, läßt sich das Werkzeug zu deren Bewältigung aufbauen, sondern nur von denen, die am trockenen Ufer leben.

———

Die Kräfte und Mittel der Propaganda und die der Agitation sind nicht dieselben und gehen darum oft auseinander. Es ist ein großer Irrthum, Schriftsteller, Dichter, Philosophen für geeignete Agitatoren im unmittelbaren Leben zu halten. Der Bauer, der den Acker bestellt, in Aussaat und Ernte, ist darum nicht auch der Bäcker.

———

Bei feierlichen Handlungen eine nachlässige und bequeme Haltung einnehmen ist Mangel an Ehrfurcht.
In der Hauptstadt sind bequeme Sessel hingestellt für das zu trauende Brautpaar. Das ist modischer Widersinn. Aufrecht hält sich der Mensch naturgemäß in einem erhebungsvollen Momente.

———

Zu dem Schwierigsten gehört, einen Geistlichen von der Hohlheit einer Phrase zu überzeugen. Der Sprachornat ist ihnen gar zu genehm, sie können ihn schwer ablegen, sie müssen das ganze Jahr die höchsten einfachen Gedanken immer bauschig aufdonnern und manchmal nach bloßen Klangwirkungen haschen, daß ihnen die Phrase nur schwer abzugewöhnen ist und ein Bild konkret zu schauen ihnen müssig wird.

Es möchte eine besondere Erörterung verdienen, daß der Soldat Cartesius aus dem Selbstbewußtsein heraus (cogito ergo sum) das ganze Denkleben aufbaute; das Selbstbewußtsein und zwar das eigenartig gesteigerte, ist vor Allem Lebensprincip des Soldaten.

Es gilt allgemein für unschicklich und boshaft über Körperfehler zu spotten, nicht so über Geistesfehler und diese sind doch oft nicht minder eingeboren; allerdings sind sie weniger sichtbar und auch weniger unterscheidbar von dem, wofür wir uns gegenseitig verantwortlich machen.

Es giebt einen gebildeten Gang. Ohne den Menschen aus der Ferne zu kennen, sieht man an der ganzen Haltung und Tragung des Körpers, ob ein Mensch von einer Idee bewegt war oder ist, es ist eine gewisse Herrschaft des Geistes über den Körper ausgedrückt. Nicht das Soldatische bringt das zuwege, sondern das ganze Individuelle des Geistes- und Gemüthslebens. Das alte Wort: der Geist schafft sich den Körper, läßt sich dahin reduciren, daß er eine gewisse architektonische Richte zuwege bringt.

Wenn man einen starken Sägekloß bei der Sägmühle sieht, sagt fast jeder Betrachtende: ei, was muß das für ein Baum gewesen sein, wo stehen denn noch solche? Es geht auch oft im Menschenleben so. Man hält dem gefällten Baum große Nachrede.

Man schneidet die zweite Schur, das Oehmd viel ruhiger, als das erste Gras.

Die immer nur das Vergangene loben, sitzen eben rückwärts auf dem rollenden Wagen der Zeit, sie sehen nur, was bereits vorüber ist.

———

Ein gut Theil des Gouvernanten-Elends besteht darin, daß die Erzieherinnen noch zu viel mit sich zu thun haben und demgemäß auch von außen, von der Umgebung besondere Betrachtnahme heischen. In sich unreife Früchte, noch der Nahrungszufuhr vom Baume bedürftig, halten sie sich für reif und wollen Andere nähren. Dazu kommt, daß der Abschluß des Lebens bei der Frau oft nur ein scheinbarer ist. Ein Mann, der den Entschluß gefaßt hat, ledig zu bleiben, erachtet denselben weit mehr unumstößlich, als ein Mädchen.

———

Das Pedal des Klaviers kann quieken und doch hören wir die reine Melodie. Wir vermögen durch intellektuelle Willenskraft den störenden Ton zu isoliren. Das können wir auch im Leben den Häßlichkeiten der Erscheinungen gegenüber, und wer das thut, der heißt Idealist.

———

In jeder Auseinandersetzung, gegenseitigen Aufklärung, und sei sie noch so freundlich und liebreich, liegt etwas Nachsäuerndes; man ist gewissermaßen fertig mit einem Lebensverhältniß und neue liegen vor uns in Morgennebel eingehüllt. Jede Erklärung, Erörterung benimmt unserm Leben und unsern Beziehungen zu Anderen die beseligende Kraft der Unmittelbarkeit; nicht einmal in innerlichen, subjektiven Dingen duldet die Welt eine Unmittelbarkeit, um so weniger in äußeren Dingen, Beziehungen zu Anderen; die Vernunft ist erlösend, aber sie löst auch die stille Seligkeit des unmittelbaren Naturdaseins auf. Und obschon Mißverständnisse oft zum tiefsten Verstehen, Verkennungen zum tiefsten Erkennen führen, wird der Vorgang nicht leicht vergessen, es sei denn von einem Liebenden.

Gerade in Zeiten der reinsten Erhebung, in den Stunden der heiligsten Betrachtungen und Entschlüsse werden wir oft durch kleinliche äußerliche Nichtigkeiten gestört.

Oder fühlen wir diese Störungen nur in solchen Momenten?

Das höhere Leben muß sofort die Kleinlichkeit überwinden lernen.

Es giebt Menschen, die in den letzten fünf Minuten vor der Abfahrt mit der Eisenbahn ruhig studiren, sprechen und genießen. — Ein Bild des Lebens mit dem Wissen von dem Tod.

———

Die Gaben der Reichen und Armen!
Der Reiche macht bei jeder größeren Gabe so zu sagen Inventur seines Besitzthums und giebt darum schwerer, der Arme denkt nicht daran und giebt darum leichter und freier.

———

„Groß und abscheulich!" sagt Lessings Nathan, das ist der Grundton der Vereinbarung von Erkenntniß und Humanität.

———

Wenn man jung ist, glaubt man mit dem geringsten Leiden nicht leben zu können, das muß beseitigt werden. Wenn man alt ist, lernt man mit beständigem Leiden leben.

———

Um eine Erfahrung reicher, um einen Glauben ärmer, es ist dasselbe. Aber es sind zwei ganz verschiedene Naturen, die das sagen.

Alle ehrlichen Gegner müssen sich über ein Unantastbares oder Unbeweisbares vereinigen können.

Durch Theilnahme Anderer wird oft die Empfindung eigenen Schmerzes erhöht. Ein Kind, das gefallen ist, schreit weit weniger und hört viel früher auf, wenn Niemand zugegen ist, seinen Schmerz zu bemitleiden.

Gegensatz des conventionellen Menschen, der die gewohnten nöthigen Begriffe und Lebensformen leicht handhabt, ist die productive Natur, die sich Alles das individuell selbst schafft. Freilich entdeckt sie oft längst Offenbares, aber es wird dadurch neu eigen und mehrt sich.

Ich habe mein Schicksal verdient. Wer das einmal in bitterer Noth voll erkannt hat, der kennt das letzte Wort der Resignation.

Wer viel in der Phantasie lebt, ist der Wirklichkeit gegenüber leicht zaghaft.

Wer nicht scharfsichtig ist, sondern kurzsichtig, der wird von Manchem, was sich als Häßliches, Erschreckendes dem Auge darbietet, gar nicht berührt, er sieht es einfach nicht; dagegen schaudert ihm vor Manchem, was ein schärferes Auge als indifferent erkennt. Es ist ebenso gut als nachtheilig, leiblich und geistig eine Brille zu tragen.

Die wohlthuendste Lebenskunst ist, alles Kleine klein und leicht und alles Große groß und nachdrücklich zu behandeln.

Man kann nicht groß von der Menschheit denken und klein von den Menschen. Wer nicht in Jedem ein Atom des Allgemeinen erkennt, für den ist das Allgemeine nur Phrase und Aufputz.

Wenn man im Glück ist, ist es leicht, wohlwollend, gutmüthig, neidlos, bescheiden zu sein; es ist das Gefühl der Sättigung, das uns leicht gegen Jeden mittheilend, theilnehmend, selbstvergessend macht. Wie anders aber, wenn man im Unglück ist. Die Unbefriedigtheit macht leicht anspruchsvoll. „Laßt mich in Ruh mit euren ewigen Ansprüchen!" sagt man am liebsten gerade da, wo man selber Ansprüche macht.

Tiefere Naturen werden von seichten leicht gekränkt, weil Diese Worte und Begriffe gebrauchen, die Jene tiefer, sachlicher, ernster nehmen, während sie doch nur Phrasen oder Ausbrüche des leidenschaftlichen Moments waren.

Wie es fremde Menschen giebt, deren Stimme, so giebt es fremde Städte, deren Glocke uns heimathlich anmuthet; es liegt etwas darin, das uns sagt: Bleib da, es wird dir bei mir wohl sein.

Heftige Körperschmerzen treten, sobald sie vorüber, alsbald in eine solche Vergangenheit, daß wir uns ihre eigenthümliche Beschaffenheit fast gar nicht zurückrufen können; Seelenleiden dagegen treten nicht so leicht in volle Vergangenheit, erstehen vielmehr bei der Erinnerung frisch und lebhaft. Dies mag daher kommen, daß ein Körperleiden als in die Erscheinung getreten, äußerlich an dem Körpertheile haftete; ist der Körper gesund, so ist das Wesen des Leides aufgehoben, die Erinnerung als rein geistige, kann das Körperleiden nicht unmittelbar im Körper so erzeugen, daß es in seiner Eigenthümlichkeit wieder dasteht; das Seelenleiden dagegen, das die Seele, das Werkzeug der Erinnerung, unmittelbar ergriffen, kann also durch diese Erinnerung wieder ganz als solches hervortreten.

Es giebt Menschen, denen man bei jeder Begegnung etwas Gutes thun, Beglückendes mittheilen möchte. Das sind diejenigen, welche rein durch ihre Erscheinung die echte Liebe erwecken und den Sonnenschein des Lebens mit sich bringen.

Es giebt Tage, wo das ganze Wesen von unnennbarer Freude getragen, die Seele so flügge ist, als hätte man ein Glück empfangen oder in nächster Stunde zu erwarten.

Wie sich eine Landschaft nicht bei Sonnenschein allein oder bei Regen allein beurtheilen läßt, so auch ein Mensch nicht im Sonnenschein der Freude oder in der Betrübniß eines Ungemachs. Man muß verschiedenes Wetter mit ihm erlebt haben.

Verstimmung und Zweifelsucht aus der Seele nehmen erzeugt ein Gefühl der Genesung; Liebe und Vertrauen machen die eigentliche seelische Gesundheit aus, und in der Genesung liegt das Wohlgefühl des Wachsens.

Stimmungen verhalten sich zum Charakter, wie die Ströme zum Meere; dort Bewegung nach außen, hier Bewegung in sich. Der Charakter nimmt die Stimmungen auf, aber er ist und bleibt derselbe; die Stimmung spiegelt das Uferleben, das Leben umher ab in seiner Heiterkeit und Trübe, das endlose Meer spiegelt nichts ab als das Allgemeine und Ständige, die Himmelswölbung über ihm. Traurig der, der von dem endlichen Strome nie hinausgelangt auf die hohe See, traurig aber auch der, der ewig auf hoher See verweilend nicht kennt die Hoffnungen und Leiden, die Lust und den Schmerz der Binnenländer.

―――

Einem verehrten Geiste huldigen ist beglückender als jede Verehrung, die man selber erfährt, auch schon deshalb, weil das Gefühl der Beschämung wegfällt.

―――

Ein Mensch, der keinerlei Kunst gelernt hat und versteht, ist trocken wie eine Gegend ohne Wasser; es fehlt das bewegt Belebende.

―――

Man erkennt und anerkennt gern das intellektuelle Genie, wie es sich in Staat, Wissenschaft und Kunst manifestirt. Es giebt aber auch ein Genie der Moralität, Menschen von einer initiativen Kraft und Ständigkeit im Wohlthun, und dieses Genie der Moralität hat die besondere Gunst, daß es sich im kleinsten Lebenskreise ausleben kann.

Man sagt, daß man im Augenstrahl die Seele sehen könne. Ich bin darin oft getäuscht worden, selten aber im Ton der Stimme, wenn ich auf den Grundton merkte. Man kann die Seele nicht sehen aber vielleicht hören.

„Ich will in der Heimatherde begraben sein" sagt der sterbende Joseph in Egypten zu seinen Brüdern. Und so geht es beim Alter in der Fremde, auch in der geistigen; es ist eine Sehnsucht nach dem Heimathland der Empfindung in der Jugend, und die Seele will in ihm begraben sein und die letzte Ruhe finden.

Beharrlichkeit hat Goethe als obersten Grundsatz des tüchtigen Lebens aufgestellt und selbst bewahrt.

Was im Wechsel der Zeiten zu beharren bestimmt ist, muß aus dem Beharren und nicht blos aus momentaner Anmuthung hervor gegangen sein.

„**S**o muß man des Todes Bitterkeit vertreiben," pflegte Goethe bisweilen im Aufathmen von rastloser Arbeit zu sagen. Und es giebt nichts Anderes als Arbeiten, so lang es tagt; denn Arbeit allein und die aus ihr strömende reine Lust macht das Leben zum Leben.

Was wäre die Erde ohne Berge, die uns den Blick in's Weite der Natur geben? Was wäre die Menschengeschichte ohne Heroen, die uns den weiten Blick in's Geistesreich geben? Etwas vom freien reinen Athem der Berge zieht in uns ein, wenn wir uns neben die Heroen des Geistes versetzen.

Menschen, die schnell, fertig formulirt Empfindung und Urtheil über ein bedeutendes Kunstwerk aussprechen, waren keinen Augenblick in die reine Aufnahme desselben verloren. Sie empfinden nicht das Werk sondern nur das, was es ihnen zur Mehrung ihres Gesprächsstoffes bringt.

Wer in der Zeitung lesend zuerst nach dem Courszettel sieht, wie etwa die Frauen zuerst nach den Familienanzeigen, dem geht das Zeitleben und die darin sich bewegende Idee nicht mehr frei und in ihren wesentlichen Beziehungen auf.

Es giebt eine Heuchelei des Märtyrerthums. Freut euch Opfer zu sein! rufen die frommen Heuchler. Aber selbst die Größten, deren Dasein einen Wendepunkt der Weltgeschichte bezeichnet, wollten nicht, daß sie zermalmt würden, sondern waren nur bereit, wenn es denn sein müßte, zermalmt zu werden. Das Bangen auf der Spitze des Entscheidungskampfes ist naturnothwendig und nur durch die Willenskraft zu überwinden.

Es giebt eine Profanation der Seele, die sich für Weltklugheit ausgiebt; sie beginnt in dem Momente, wo du deine Lebensfreude nicht mehr in und von deiner Arbeit erhoffst, und sie schädigt unheilbar, wenn du an lässiger Arbeit dir genügst und nur auf den Ertrag bedacht bist.

Es giebt profane Naturen, die nie und nimmer in das reine Naturheiligthum eines Genies eintreten können. Der Verkehr mit ihnen bleibt darum stets ein exoterischer, unterhaltsamer, weiheloser.

Hier liegt ein Kernpunkt vom Wesen der Religion, die einen erhabenen Menschen zum Mittelpunkte macht. Es ist ein Erhabenes, ein Genie allen Menschen nahe zu bringen. Das ist die echte Offenbarung. Natürlich stehen aber auch hier die profanen Millionen ewig draussen und halten sich an Costüm und Dogmen. Mit einem Menschen, der Goethe intim kennt und damit liebt, läßt sich gut und schön leben und leicht verständigen.

Es giebt Menschen, die nur Regen und Sonnenschein kennen und haben; es giebt aber auch Seelen voll Thau bildender Kraft, das sind die stillen, in sich reichen und triebkräftigen, die mehr innerlich als äusserlich erleben.

$\mathfrak{E}$s giebt zweierlei Arten, Unglück zu ertragen und zu überwinden. Die eine ist, das Unglück als etwas Bedeutendes anzusehen, das uns läutern und erheben soll, dies ist der Charakter der Religion und der Religiösen. Die andere Art ist, das Unglück als etwas Nichtiges zu erkennen und wenn es sich doch mächtig geltend macht, sich durch die Elasticität der eingeborenen Natur darüber emporzuschnellen. Da hilft denn ein gewisser Leichtmuth, gewöhnlich Leichtsinn genannt, darüber hinweg. Dies ist die Art sogenannter heidnischer Naturen, die die Erlebnisse wie die Bestandtheile eines Kunstwerkes betrachten und formen.

———

$\mathfrak{J}$e höher die Natur, um so vereinsamter ist sie, aber sie bedarf der realen Gemeinschaft nicht, sie hat die ideale Gemeinschaft, den Inhalt des erweiterten Lebens in sich selber. So Shakespeare, Spinoza, Kant, Goethe.

———

$\mathfrak{H}$öher gestimmte ideale Naturen leben in der höhern Luftschicht oder wie der Vogel auf den Bäumen. Das schlimme Tageswetter unten auf dem Boden ficht sie nicht an, sie singen wie der Vogel weiter.

———

Wer eine volle, unzersplitterte Subjektivität sein und wirksam bethätigen will, der muß ein Stück Martyrium auf sich nehmen. Wer sich selbst hat, hat die Welt nicht und kommt auf Schritt und Tritt vor einen Gegensatz. Wie viele der großen Subjektivitäten, die der Welt eine neue Wendung gaben, wurden entweder Märtyrer oder Despoten.

Nicht wer das scheinbar Unerreichbare will, darf ein Schwärmer genannt werden, sondern wer das Ungewöhnliche, das er wollte, bei eintretenden Hindernissen leicht wieder aufgiebt. Wer nicht die eigenen Kräfte überlegt und die Kraft des Widerstandes von außen, der ist ein Schwärmer.

Sieht der Künstler die Dinge in der That schöner, als sie sind? Der Künstler, der den Lichtblitz an einem kupfernen Kessel festhält, sieht den Kessel als einen Träger des Lichtes, und das ist freilich anders, als er dem Auge der Küchenmagd erscheint, die das Licht nur als Träger der Reinlichkeit beachtet.

Die sogenannten Realisten, die nicht Materialisten sind, haben weit mehr wahren und wirklichen Idealismus als die Idealisten als solche oder die Ueberschwänglichen. Sie glauben und wissen die Schönheit, Güte, Größe, Tugend in der wirklichen Welt, sie kennen und halten sie.

Es giebt Weise, die aus vereinzelter Kundgebung Wesenheit und Standort eines Menschen derart verstehen, daß sie wie aus einem Glockenton erkennen, aus welchem Metall die Glocke gegossen ist und in welcher Höhe sie hängt.

Das freie volle Geistesleben ergießt sich, unbekümmert wohin es fallen mag, es regnet auch auf Sandflächen, wo nichts wächst; denn das volle Naturleben ist überreich.

Man kann die Allgemeinheit lieben, aber verehren kann man nur eine den Geist in sich zusammenfassende Persönlichkeit.

Wer sein Leben auf ideale Zwecke gestellt hat, dem blüht immer etwas; es bewegt sich und damit ihn. Wer aber nur selbstische Zwecke will, dem blüht das Leben wohl momentan, ist dann aber auch oft wieder ganz abgewelkt.

—

„Voilà un homme!" sagte Napoleon hinter Goethe drein, der ihn in Erfurt besucht hatte. Wunderlich! Also auch in Napoleon steckte etwas von Diogenes, der Menschen suchte. Auf der äußersten Spitze wie in der äußersten Tiefe dasselbe Empfinden. Der reinen Geistesmacht gegenüber wiederholt sich das „Ecce homo."

Und in der That, der ideale Mensch sucht das entsprechende Bild, aber auch der Gegensatz, der blasirte Menschenverächter wird die Sehnsucht, das Streben nicht los, zu suchen und ist überrascht, wenn er findet.

—

Die Ascetik der Kirche betrachtet das Leben aus dem Gesichtspunkte des Todes, die freie thatenfrohe Erkenntniß dagegen aus dem Gesichtspunkte des heitern Schaffens.

Von Erasmus wird erzählt, er habe Leben und Lehren des Socrates dermaßen verehrt, daß er ihn gern unter die Heiligen versetzt und gebetet hätte: „Heiliger Socrates bitt' für uns!"

Von Jesus und Socrates ist nichts Selbstaufgezeichnetes da. Sie erscheinen nur in der Vielfältigkeit ihrer Jünger, wenn man so sagen kann als unendliche Persönlichkeit. Die Tradition giebt den Fernenduft und aus ihm die Mythenbildung. Der schriftstellerische festbestimmte Ausdruck begrenzt die Persönlichkeit und erstarrt die flüssige Bewegung; in der mündlichen Tradition spricht die Persönlichkeit bereits aus einem Jenseits.

———

Nil admirari, vor keiner Erscheinung mehr bewundernd, betroffen stehen ist das Schlußwort der Stoiker als Ergebniß reicher Erfahrung und unabhängigen Denkens. Aber die Verlebten, die greisenhaften Jünglinge nehmen sich das gern zum Wahlspruch, und was Stärke des Weisen ist, wird zur Schwäche des Thoren. Es geht mit diesem Worte, wie mit dem von der Bescheidenheit der Lumpe, das doch nur sagen will: wer in sich fühlt, daß er nichts ist, thut sich groß mit seiner Bescheidenheit.

Luther und Melanchthon! Hat ein anderes Volk ein ähnliches Freundespaar an dem großen Wendepunkt seiner Geschichte? Jeder Luther, jeder weltbewegende in elementarischen Antrieben großwirkende Charakter sollte einen bedachtsamen Melanchthon neben sich haben, der inmitten des aufflammenden Muthes gleichzeitig die nachfolgende Verkühlung in sich darstellt, der zum selben Ziele wirkt, aber nicht im drängenden Kampfgewühle stehend die Ueberschau der Strategie bewahrt. Das gemeinsame Leben Luthers und Melanchthon's drückt sich in dem Worte aus, das der gen Worms Ziehende dem daheim Bleibenden sagte: „Arbeite unterdeß für mich, weil ich nicht hier sein kann."

Nichts mehr bewundern! Wer nichts mehr bewundert und verehrt, hat keine Erhebung mehr. Verehrung eines Festen, Bestimmten ist die gemeindebildende Kraft. Auf das Selbstgefühl allein läßt sich keine Gemeinsamkeit gründen; das Gemeingefühl ruht im Bewußtsein, durch Zusammenschluß mit Anderen Etwas zu sein, das mehr ist als der Einzelne.

Die männlichen Nachkommen der Geistesheroen sterben bald aus. Es ist als sollten diejenigen, die für das Allgemeine gelebt, nicht gebunden sein an eine persönliche Erscheinung. Die Nationen, von denen sie ausgingen, und die Menschheit, in die sie aufgingen, sind die Träger ihres Namens.

Nach der Schilderung der biblischen Urkunde war bei allen Creaturen das Bild ihres Daseins erst da mit ihrem Dasein. Der Mensch aber wurde geschaffen nach einem Bilde, nach dem Ebenbilde Gottes, und das Herausbilden dieses idealen Urbildes ist die Arbeit des Menschen.

Die Religion als Kirche, wie sie aus der Bibel des alten und neuen Testamentes entstand, hat Fanatismus und Ketzerverfolgungen erzeugt. Die Religion des freien Menschenthums, wie sie aus der Wiedererweckung des klassischen Alterthums sich entwickelte, kennt keine Verfolgungen, weil sie nicht Glaube sondern Bildung ist.

Eine Idee wird nie vollständige Wirklichkeit, und doch ist die Idee allein das sich immer neu bildende Wahre und ewig Beharrende, das Wirkliche hingegen das allein Vergängliche.

Alles Leben theilnahmvoll mitleben, im Bewußtsein des Universums stehen, das ist höchste Stufe des Menschenthums, und über ein Kleines wird es zur Sentimentalität.

Es giebt Arbeiten der Seele und Stimmungen, die zu ihrer reinen Fortsetzung der klösterlichen Ruhe und Abgeschiedenheit bedürfen. Wie sehnst du dich, nur einmal eine Woche, einen Monat auf ruhiger Höhe ganz abgelöst vom Weltgetriebe und seinen Störungen, in dir selbst dich ausleben und ein deine Seele Bewegendes ausgestalten zu dürfen. Das wird dir nie zu Theil.

Du mußt dich drein finden, durch das Gedränge des Marktgewühls ein Zerbrechliches zu tragen, du mußt lernen, in deinem Geiste dir schützende, ruhespendende Klostermauern aufzuerbauen.

Man muß freie, einfache Gedanken des Lichtes täglich wiederholen, wie die Sonne täglich aufgeht und die Nacht verscheucht. Das ist das Große der Religion und ihrer Satzungen, daß sie es vermag, nach ihrer Weise und in ihrem Sinne täglich die Herzen der Menschen zu erleuchten.

Die Offenbarung! Wie? Gott soll sich geoffenbart haben? Warum hat er es nicht so gethan, daß ich nicht anders kann, als ihn und das Jenseits erkennen? Warum läßt er mich armen, redlich Gesinnten ringen und zweifeln und oft verzweifeln? Und wenn er sich geoffenbart, warum erst nach Jahrtausenden des Weltbestandes? Warum ließ er all die vorangegangenen Geschlechter zu Grunde gehen und noch heute die Mehrzahl der Menschen, die an dieser Offenbarung nicht Theil hat? . . . Diese Klagen sind gerecht, aber sie sind eben nur aus der Lehre von der Offenbarung entsprungen.

In der Lehre von der Menschwerdung Gottes liegt das Eingeständniß, daß wir ein übermenschliches Wesen nicht verstehen können.

Die Liebe ist die echte, durch die uns die Menschheit und die ganze Welt lieber wird.

Was uns ein Einziges lieben und alles Andere hassen lehrt, ist die echte Liebe nicht.

Der Cultus des Genius, auch eines solchen, der eine materielle Förderung geschaffen, kann keine neuen Festesformen gewinnen. Wir können für Presse und Dampfkraft kaum ein Symbol wie viel weniger eine Göttergestalt erfinden. Die Mythen bildende Zeit konnte einem Wohlthäter Prometheus, der den Menschen das Feuer brachte, das Fest der Prometheia widmen. Gutenberg, Watt, werden nicht in Festen verehrt, sondern in Förderung und Umbildung ihrer großen Erfindungen.

Man kann eben so wenig sagen, daß die positive Religion der Menschheit mehr Schaden als Nutzen gebracht hat, als man sagen kann, die Medizin hat Gleiches gethan.

Wir sind zur Medizin und zur positiven Religion vorgeschritten, wir sind aus der Unmittelbarkeit des Naturlebens heraus, zurück können wir nicht, darum vorwärts und darüber hinaus zur bewußten Lenkung der Naturkräfte in der freien leiblichen und geistigen Diätetik.

Man hat viel darüber gegrübelt, welche Gestalt die Weltbetrachtung genommen hätte, wenn die zum Culturträger gewordene Religion sich nicht aus Judenthum-Christenthum sondern aus dem Griechenthum oder aus den landeseingeborenen Religionen fortentwickelt hätte. Das Judenthum war aber bereits in soweit eine von der Landschaft abgelöste Religion, als es die Religion eines eingewanderten Volkes war. Diese Ablösung gab seinen Fortbildungen eine gedankliche Freiheit und Abstraction, daß sie in die verschiedenen Völker und ihre vorhandenen Besonderheiten unter Aufnahme des in der klassischen Welt enthaltenen Bildungsstoffes eintreten konnten.

Warum scheuen sich so viele frei und rein denkende Menschen, Wort und Begriff „Gott" zu gebrauchen? Sind denn alle Freidenker nothwendig Gottesleugner. Kann doch kein Mensch leugnen, daß es etwas giebt, was hoch und ewig über allem Einzelleben verharrt. Aber weil mit dem Worte „Gott" so schnöder Mißbrauch getrieben wird, meidet man es.

Warum rufen die Poeten in großen Affekten lieber die Götter an als Gott?

Weil der Gott sofort als Katechismusgott aufgefaßt wird, die Götter aber sind die höheren Gewalten ohne Katechismusphysiognomie.

———

Wie es physikalisch nicht gelingt ein perpetuum mobile zu erfinden, so gelingt es auch psychisch nicht ein perpetuum stabile zu erfinden.

Die Lehrgebäude der Religion und der Philosophie wechseln, und an den großen kunstreichen Gebäuden, an den Domen muß zu ihrer Erhaltung immer gebaut werden.

Ein Mythus kann nicht durch Vernunftgründe, sondern nur durch einen neuen Mythus verdrängt werden; denn Vernunft und Phantasie sind Asymptoten, neben einander laufende Linien, die sich immer mehr nähern, ohne sich je im Endlichen zu durchschneiden.

Es giebt Regionen der Dämmerung an der Grenze der Erkenntniß, wo der Eine noch etwas sieht und scharf und bestimmt sieht, während der Andere neben ihm nichts mehr erkennt.

Was durch ein Wunder entstanden ist, müßte auch durch fortgesetzte Wunder erhalten werden.

Denn wie soll ein Wunder nun in die natürliche Folgerichtigkeit eingerückt werden? Das Wunder an sich ist die als Thatsache fingirte Aufhebung der natürlichen Folgerichtigkeit und kann also auch keine Folgerichtigkeit im Fortgange zugestehen.

Die echte Freundesseele hat eine gewisse Kraft der Allgegenwart, sie folgt dem Leben des Befreundeten nicht nur so weit das Auge unmittelbar reicht, sondern lebt im Entfernten. Solche Freundschaft kann sich aber nur auf einen bemessenen Menschenkreis erstrecken.

Die Empörung vieler Gemüther will nichts mehr von Religion und Erkenntniß Gottes. Die vielen Greuel, die die Kirche verübt, so lange sie nicht vom Humanismus getränkt war, wirken abschreckend.

Was hat die Kirche gethan? Sie hat Scheiterhaufen errichtet und verlangt noch heute das Opfer der Erkenntniß. Die Abschaffung der Hexenprozesse, der Folter, der Leibeigenschaft, der Sklaverei, nicht die Kirche hat sie bewirkt, die von Liebe salbungsvoll predigte; die Humanität, das Stiefkind der Welt, hat sie bewirkt.

Aber trotz der Kirche ist Gott, und ihn erkennen, heißt das Leben der Welt verstehen und die heiligen Mächte lieben.

———

Wenn man annimmt, daß die Welt nur von mathematischen Gesetzen und der Mensch vom Egoismus allein regiert ist, so hält man das Gemüth für dekorative Schönthuerei. Denn Gemüth ist die Fähigkeit der Seele, dasjenige in der Welt zu verstehen, was nicht Mathematik und nicht Egoismus ist. Es ist unwillkürliches Empfinden der seelischen Bedeutung und des Zusammenhangs der Dinge mit sich und den Menschen.

Wie ein Ringkampf in der Finsterniß ist ein Kampf mit der Geringschätzung und Verachtung der Menschen, die sich in der Seele festsetzen will. Wie ist es möglich, fragt man da, daß Menschen leben, die da wissen, sie haben Dem und Jenem ein Unrecht, eine Kränkung angethan? Wie können sie arbeiten, essen, trinken, schlafen, lachen? Sitzt nicht an ihrem Tische, an ihrem Lager ein Gespenst, der Schatten dessen, an dem sie sich versündigt? Die Antwort ist aber einfach: Sie denken gar nicht an den Andern. Und wenn sie es thun, sagen sie, er habe Unrecht geübt statt erlitten, oder auch, er mag leben, wie ihm gutdünkt, er geht mich nichts an. Sie löschen ihn aus. Gleichgiltigkeit und Beschönigung hilft über die Selbsterkenntniß weg. Aber es wäre nicht minder falsch und übertrieben, deshalb zum Menschenfeinde zu werden. Wie die Menschen der Todten vergessen müssen, so müssen sie auch der Lebenden vergessen. Ein feinerer Egoismus bedingt die Lebenskraft. Und jene Menschen, die für ihr Thun kein Gedächtniß und keine vor sich selbst wahrhaftige Würdigung haben, sind eben solche, die nur im sinnlich Gegenwärtigen leben.

Die lässig machende Demuth-Religion sagt: Wir sind nichts vor Gott, dem Ewigen. Die stark machende, erhebende sagt: Wir sind ein Theil des Ewigen und leben in Gott. Das macht nicht stolz, sondern vielmehr verantwortlich. Die Heiligung besteht darin, uns so zu bilden, daß unser Wille mit dem göttlichen Gesetze eins ist.

—

Am Aesthetischen läßt sich Toleranz lernen oder vielmehr die Berechtigung und Unbekehrbarkeit eines anderen Standpunktes. Wer nicht mit dir übereinstimmt, daß Shakespeare und Goethe die größten Dichter der Welt, der erscheint dir doch nicht als unberechtigt, als ausgeschlossen von der Seligkeit der Schönheitsempfindung. Das Aesthetische erscheint allerdings weniger auf die Bestimmung der Handlung und die ganze Lebensführung einwirkend als das Religiöse. Der Glaube kann dogmatisch gelehrt und übertragen werden, die ästhetische Empfindung beruht in der Selbstthätigkeit. Es kommt wieder darauf hinaus, daß der Glaube fanatisch werden kann, die Bildung aber nicht.

„Blanka von Filneck oder die Tochter Lessings. Ein Roman aus der Zeit der Kreuzzüge und aus dem 18. Jahrhundert." So könnte der Titel eines Buches lauten.

Wer ist Blanka von Filneck? Du kennst sie sofort, wenn ich den andern Namen nenne. Sie heißt Recha, ist die Tochter eines schwäbischen Ritters, der eigentlich ein mohamedanischer Prinz war und in den Kreuzzügen gefallen ist. Sie wurde von einem Juden, Nathan der Weise, erzogen. Wie, wenn Lessing ausführlich dargestellt hätte, wie ein Mädchen ohne positive Religion erzogen wird? Gerade bei einem Mädchen wäre das von besonderer Bedeutung; denn man sagt ja, daß die Frauen vor allem der positiven Religion bedürfen. Aber selbst ein Nathan oder ein Lessing hätte kein Kind nur nach eigenem Geiste und abgeschieden von allen Welteinflüssen erziehen können. Denn wie auch auf Blanka-Recha die Kinderfrau Daja und hunderterlei Anderes wirkt, so ist überhaupt der Mensch, sei er groß oder klein, Mann oder Weib, ein Kind der Gemeinsamkeit und seiner Zeit.

Religion und Musik haben beide zum Inhalt das Unendliche, das sich der festen allgemeingültigen Formbestimmung entzieht. So wenig es eine Staatsmusik geben kann, darf es eine Staatsreligion geben.

Wird es allezeit eine Religion der Gebildeten und eine Religion der Ungebildeten geben müssen? Das wenigstens ist keine Frage, daß der Gebildete den Inhalt dessen, was man Religion nennt, anders faßt als der Ungebildete, und eine gemeinsame Formel für Beide stellt nur scheinbar eine Einheit derselben her.

—

So lange die Religion nur die Blüthe des Wissens war, waren die Priester selbstverständlich gleichzeitig die Gelehrten. Erst als verfallenden Völkern der Gedanke kam, die Religion als etwas ausschließlich Ueberirdisches zu betrachten, wurde Unwissenheit ein Verdienst.

—

Der Glaube führt nothwendig einen Aberglauben mit sich; denn die Phantasie führt die reine Idee des Glaubensartikels weiter. Der Glaube an ein Unerkanntes, der Verzicht auf Erkenntniß ist ein Wunder und erzeugt Wunder.

—

Die reine, die geläuterte Religion! Der Jude meint damit sein reines, geläutertes Judenthum; der Katholik den wahren Katholizismus; der Protestant den reinen Protestantismus. Alle Verunstaltungen schieben sie auf die Geistlichen. Ein Jeder will, daß das, was Bildung geworden und nicht mehr Religion ist, in seinem väterlichen Hause daheim sei. Aber das, was man durch die Bildung aus der Religion herausdestillirt, ist eben diese Religion nicht mehr.

———

Die religiöse Rechtgläubigkeit sagt: Durch die Fortschritte und Mehrungen unseres Wissens thut sich schließlich keine neue Erkenntnißkraft und Quelle in unserer Seele auf; wir werden mehr, aber nie ein Anderes erkennen, als die Weisesten vergangener Zeiten erkannt haben. Ein Anderes nicht, aber in dem Gegebenen mehr. Und wir wissen, was der klare Geist zu erringen vermag, und was außerhalb seiner Grenze liegt, da wehren wir der Phantasie, uns Bestimmtes vorzugaukeln. Wer aber kann die Grenze der steigenden Vervollkommnung des Menschen ausmessen?

———

Wenn auf der ganzen Erde einmal ein einziger Sabbath in vollkommener Weihe gehalten wird, dann kommt der Messias, sagen die Juden. Das ist ein tief sinnbildlicher Ausspruch. Wenn die Menschheit nur Einen Tag zu weihevollem Frieden und liebevoller Erkenntniß gebracht werden könnte, dann wäre die Erlösung da, aber die babylonische Sprachverwirrung, Denk- und Empfindungsverwirrung ist permanent.

Paradies, Sündenfall, Erlösung. Die theologische Anschauung faßt das Urleben als ein paradiesisch vollkommenes, die wissenschaftliche Erkenntniß als ein stetig sich zum Höheren entwickelndes und bildendes. Es ist vergebens, diese Gegensätze vereinbaren zu wollen.

Die Fülle des Lebens liegt nicht draußen, sondern nur in dir. Die Sonntagskinder der Welt haben Seele in dem, was Anderen alltäglich und nichts ist, die Welt ist ihnen ein Tempel und das Dasein in ihr ein Fest.

Aus Gott geboren zu sein ist das Höchste und Reinste, was gedacht werden kann. Unser Denken, Empfinden, Wahrnehmen ist bedingt von Familie, Nationalität und Zeit. Es giebt auf Erden kein reines Wasser, jegliches ist mit Erdtheilen versetzt, nur das aus der Wolke kommende ist, so lang es in der Luft schwebt, rein. Die Philosophie sucht chemisch wieder alle Zeit- und Erdbestandtheile aus dem Denken auszuscheiden.

Was ist das Heilige! „Was die Menschen eint," antwortet Goethe Entscheidung gebend. Eine Cultur, die nicht das die Menschen Einende schaffen kann, hat die Stufe der Heiligkeit noch nicht erklommen, und dies echte Heilige ist nicht das Kirchliche, es ist das wahrhaft Weltliche.

Es ist eine feinsinnige, vielverbreitete Vorstellung, daß man im Jenseits sich der Gemeinschaft der höchsten Genien erfreue. Willst du dessen in deinem wirklichen Leben sicher sein, so versenke deine Seele ganz in die edelsten Hervorbringungen; du trittst damit ein in die Reihe der Seligen, bist ein Genosse Mozart's, Goethe's, Raphael's, du lebst ihr Bestes, ihr ewiges Leben hienieden noch einmal.

Du erlebst diesen wonnigen Frühling, dann vielleicht noch einen oder zehn oder zwanzig, und dann?....

Erlebst du einen voll, so hast du alle erlebt, die nach ihm folgen.

Wer lebend im All, im Weltganzen sich empfindet, der ist als Individuum schon gestorben, aber auch schon selig.

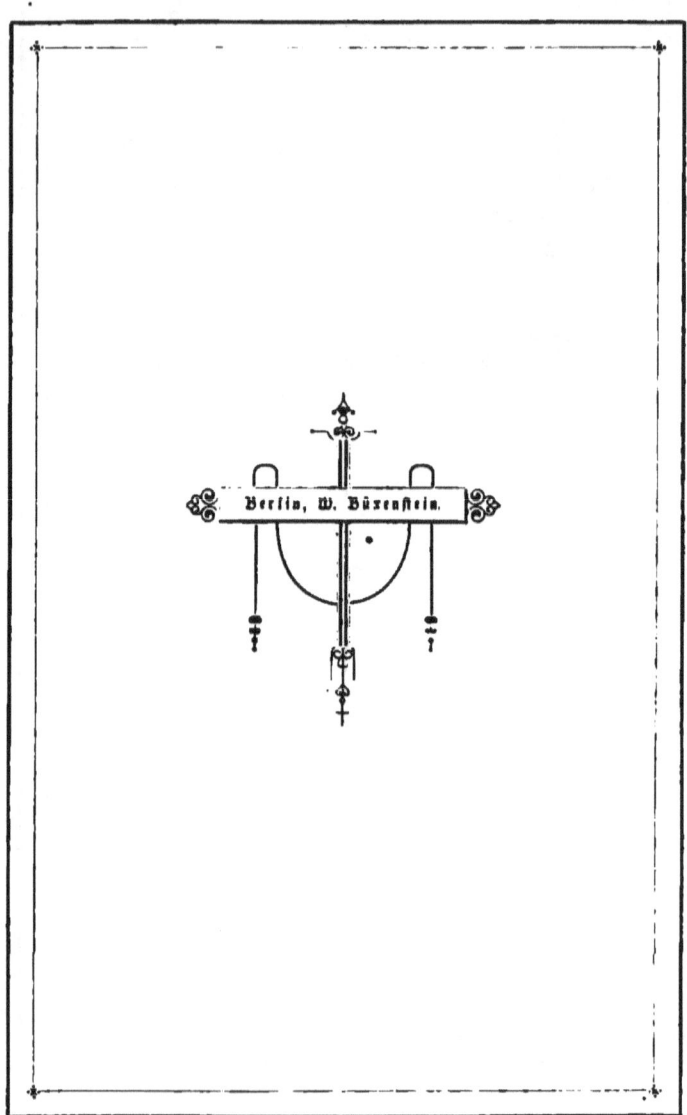

www.ingramcontent.com/pod-product-compliance
Lightning Source LLC
Chambersburg PA
CBHW031250250426
43672CB00029BA/1543